これならわかる

教育改革 ②

NHK「教育フォーカス」
制作班 編

KTC中央出版

これならわかる教育改革 2

はじめに

今、「学力低下」の不安が日本の教育界をおおっています。

戦後最大といわれる教育改革が始まり、学校週五日制や総合的な学習の時間がスタートしました。授業時間が減少する中で、子どもたちの学力や学習意欲が大きく下がっているのではないか、という不安が広がっているのです。

ＮＨＫ教育テレビの「教育フォーカス」は、子どもを持つ親が抱く「素朴な疑問」に答えることをねらいとした教育情報番組です。番組の中で私たち制作スタッフは、この「学力低下」の不安に最も力を入れて取り組みました。学力は、学習意欲は、本当に低下しているのか。もし低下しているとしたら、それはなぜか。そして、学校は「学力低下」の不安にどう対応しようとしているのか。

番組では、そうした疑問に答えようと、取材を積み重ねました。まず、文部科学省の学力テストやＯＥＣＤの国際比較、ＮＨＫ放送文化研究所のアンケート調査などをもとに学力低下の実態に迫りました。そして、「発展的な学習」や「小中連携」、「授業評価」など学校で始まった様々な新しい試みを追いました。さらに、どうすれば子どもたちが勉強する意欲を持てるか、ノーベル物理学賞を受賞した東京大学名誉教授の小柴昌俊さんにメッセージをいただきました。

番組キャスターの刈屋富士雄アナウンサーと多彩なゲストのみなさんには、「学力低下」の不安を自分のこととして考えていただきました。刈屋アナウンサーは小学生の三つ子の父親、ゲストのみなさんもお子さんをお持ちの方々に出演をお願いしました。タレントの小川菜摘さんや歌手のマルシアさん、漫画家の石坂啓さんや田島みるくさんなどが、ひとりの親として不安を語り、疑問を尋ねます。それに対して教育現場をよく知る研究者や専門家の方々がわかりやすく答える、という形で番組を制作しました。

こうして放送してきた番組が、「これならわかる教育改革2」～「学力低下」への処方箋～として出版される運びになったのは、制作者としてまことにうれしい限りです。本を手に取られたひとりでも多くの方に、大きく変わりつつある日本の教育の「今」を感じていただけたら幸いです。

最後に、「教育フォーカス」の出演者やスタッフのみなさん、そして出版の労をとってくださったＫＴＣ中央出版の山本直子さんにあらためてお礼を申し上げます。

ＮＨＫ「教育フォーカス」プロデューサー　松本勇一

これならわかる　教育改革2　もくじ

これならわかる　教育改革2

司会

刈屋富士雄

NHKアナウンサー。小学校１年生の三つ子の父。教育改革には大いに関心がある。

commentator

早川信夫

ＮＨＫ解説委員。学校教育から少年問題まで幅広く取材。ゆれる教育問題をわかりやすく解説することで定評がある。

ＮＨＫ「教育フォーカス」制作班　編

ノーベル賞受賞・小柴昌俊さんからのメッセージ

夢のタマゴをあたためよう

2002年12月、ノーベル物理学賞を受賞した東京大学名誉教授の小柴昌俊さんです。

小柴さんは宇宙を飛び交う素粒子・ニュートリノをカミオカンデという装置を使って観測することに成功しました。

カミオカンデは、岐阜県神岡町にあります。厚い岩盤に囲まれた地下1000メートルの空間に水をため、高感度の光センサーを備えています。

小柴さんはこの装置を設計し、星の進化や銀河誕生のメカニズムをさぐるニュートリノ天文学という新しい研究分野を切り開きました。

小柴さんは研究のかたわら、子どもたちへの講演活動を続けています。そこで、いつも夢を大切にしよう、「夢のタマゴ」をいくつもあたため続けよう、と語りかけています。

子どもたちの夢をどう育むか、小柴さんからのメッセージをお伝えします。

――小柴さんはニュートリノ天文学の研究だけではなく、講演などで子どもたちと交流もしていますよね。

小柴　子どもたちと一緒にいるのはほんとうに楽しいです。

――講演ではどのようなことを話していますか。

小柴　子どもたちには、いつも夢を持ちなさいと言っています。夢を見つけるのは簡単ではありません。そのために、いろいろなことをやってみなければなりません。

――小柴さん自身はどんな子どもでしたか。

小柴　ごくごく普通の子どもでした。勉強よりも遊ぶ方が好きでした。

――いたずらもしましたか。

小柴　したかもしれません。

――どんないたずらをしたか覚えていますか。

小柴　特には覚えてません。

――窓ガラスを壊したとか……。

小柴　ははは、知っていたのですか。あれは単なる好奇心でしたことです。窓を割るのが面白かったのです。そのせいでクラスの中では悪い子ということになってしまいました。通信簿に素行が悪いと書かれたときちょっと心配しました。

――子どものころの写真があります。小柴さんはどのように育てられたのでしょうか。

小柴　両親は何も言いませんでした。父親は軍人で当時の満州などほとんど国外に出ていました。母も何も言いませんでした。父から一つだけ言われたことは、軍人になれということでした。私自身もそのつもりでいました。そのほかには「剣道をやりなさい」と言われました。父に言われたのはそれくらいです。

――もう一枚写真を用意しました。これは小柴さ

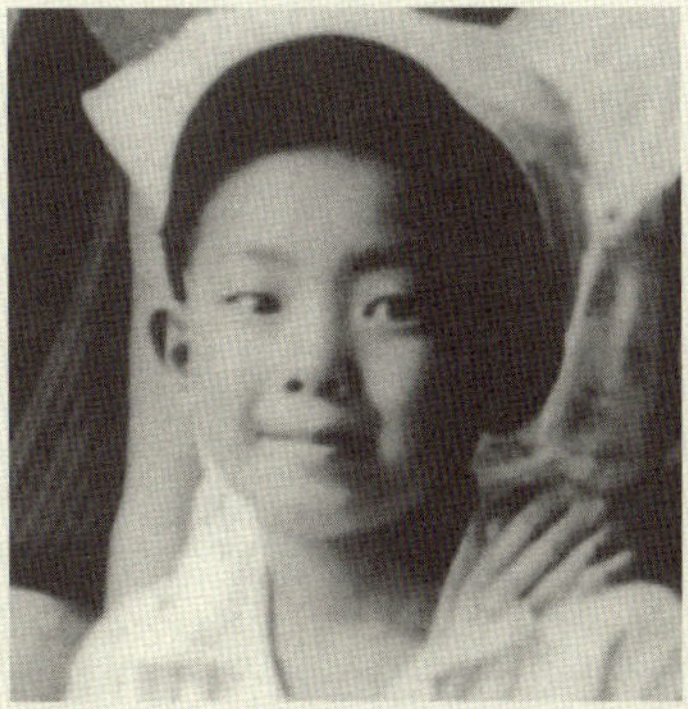

子どものころの小柴さん

んがいくつぐらいのときですか。

小柴　13歳か14歳ですね。

――今と笑顔が同じですね。

小柴　このときの先生はすばらしい方でした。金子先生です。ほんとうにいい先生でした。

――どんなふうにですか。

小柴　金子先生は数学の先生でした。私が小児まひで入院していたとき、先生がすばらしい本を持ってきてくれたのです。アインシュタインとインフェルトの「物理学はいかに創られたか」というなかなか面白い本でした。当時の私は物理学者になるとは思っていませんでした。でも、この本から影響を受けたと思います。

13.14歳のころの小柴さん

――そのような先生に出会えたことは幸運でしたね。

小柴　そうです。

――今の子どもたちも、そういう先生と出会ってほしいですね。

小柴　いい人にめぐり会えるというのはほんとうに幸運なことです。そうした出会いを大切にすべきです。

――いわゆる詰め込み教育についてはどうお考えですか。

小柴　あまり感心しません。暗記しなければならないものは、ごくわずかしかありません。それ以外は覚える必要はないのです。ほかのことは読めば理解できるわけですから。でもわずかですが、暗記すべきものもあります。その覚えたものが将来子どもの役に立ちます。

――教師が暗記すべきことを選別できなくてはなりませんね。

小柴　教師は賢くなければなりません。13歳、14歳の子どもにとって、好きな先生に出会えることがとても大切なのです。尊敬しなくてもいい、好きなだけでいいのです。その年ごろの子どもというのは、数学の先生が好きになったから数学が好きになる、ということがあります。でもその逆はありません。数学が好きだから先生も好きということはありえません。

まず先生を好きになる。そうするとその科目も好きになるのです。だから、わたしは中学校の教師は生徒に好かれるべきだと思います。これがまず大切なのです。

――生徒に好かれるためには、単に人気があるとかやさしいとかいう以上に何が必要でしょうか。

小柴　その年ごろの子どもは本能的に、先生自身が教えている科目を好きかどうか、見分けられます。教師自身がその科目を楽しんでいると、子どもたちも興味を持つようになります。ところが教師がその科目を特に好きなわけでもなく、ただ仕事だから授業をしている場合はだれも興味など持ちません。教師自身が自分の担当する科目に大きな関心と興味を持って、初めて子どもたちが興味を持つようになるのです。

――今の子どもたちは小柴さんの子ども時代に比べて恵まれています。本もたくさんありますし、学校の設備も整っています。コンピュータを持っている子もいます。豊かになって勉強の環境も整い学力も向上したと思われますか。

小柴　それはよくわかりません。今の子どもはコンピュータなどがあって、より大きな可能性があるかもしれません。だからといって、昔の子どもよりよくできるわけではありません。なぜなら子どもたちにとって、いちばん大切なことは、自分がほんとうにやりたいことを見つけることだからです。

コンピュータやマンガなど選択肢があまりに多いから、次から次へと手をつけるだけになってしまいます。大切なことは、一つのことに真剣に取り組むことです。その結果、それが自分に向いていないとわかったら、別のことをやってみる。それを繰り返して、自分が何をやりたいかがわかるのです。やりたいことが見つからなければ、何一つ成しとげることはできません。私はそう思っています。

――小柴さんはどんな父親でしたか。勉強しなさい、宿題もしなさいと厳しかったのでしょうか。

小柴　子どもたちにはやかましく言ったことは一度もありません。

――勉強して、いい学校に行きなさいと言ったことはないのですか。

小柴　いいえ、一度も。

――教授になりなさいとか。

小柴　いいえ、一度も。でも息子は工学部の教授になりました。

――なぜやかましく言わなかったのですか。なぜ放任主義をつらぬかれたのでしょうか。

小柴　私自身が子どものころうるさく言われたくなかったのです。ですから、わたしの子どもたちも同じだろうと思いました。

――最近聞く話では、町なかで子どもが問題を起こしているときに、注意すると逆に大人が殴られるから関与すべきではないといいます。大人がかかわれないというのは、とても深刻だという人もいます。この事態をどう思いますか。

小柴　原則的に大人は子どもとかかわり合いを持つべきでしょうね。3年前ドイツで1年間過ごしたのですが、ドイツの若者は日本の若者よりしつけがよかったのです。若者が変わってしまったように見えます。それはいったいなぜなのか、自分なりに理由を考えてみました。一つには少子化。兄弟が減ったことではないでしょうか。日本の将来についてとても心配しています。このままでは、いずれこの国が消えてしまうのではないでしょうか。さらに子どもの数が減ったことで、子どもを取り巻く環境も大きく変わっています。

たとえば昔は近所の子どもたちがよく一緒に集まっていました。そうして子ども同士で規律を学んでいたのです。ときにはたたかれて泣くこともありました。そういう中で成長しながら社会人としての礼儀を身につけてきたのです。今ではそういうこともありません。

また、子どもが一人しかいないと親もしつけるのが怖くなります。この子は家を出て行ってしまうかもしれない。自分たちから離れていってしまうかもしれない。そういう不安があるのです。

そうしたことがあいまって、今の子どもたちは、20年前の子どもたちとは違ってきているのです。私もどうしたらいいのかわかりません。でも、大人は絶対にかかわりを持つべきです。悪いことは悪いと、たとえ公の場所でも言うべきです。確かに注意すると逆に大人が殴られるような危険性もあります。しかし、大人が行動を起こさないかぎり何も変わりません。

―― 小柴さんがアメリカに留学していたころの写真があります。ロチェスター大学で博士号を取得されたときの写真です。当時、物理学のほかには、どんなことを学ばれましたか。

小柴　アメリカで気づいたことが一つあります。それは若い学生でも偉い教授に「間違っている」と言えることです。たとえその教授がノーベル賞の受賞者であってもそうです。科学の分野ではそれが当たり前のことなのです。だれが言ったことであっても正しいことは正しいし、間違いは間違いなのです。ところがアメリカから戻ってみると、日本にはまだまだ昔ながらの古い慣習がそのまま残っていました。たとえば、偉い教授が何か間違ったことを言ったとします。若い研究者はその誤りに気づいても、ほかの人の前では指摘しません。「それはおかしいですよ」などと指摘しようものなら、無礼なやつだと思われてしまうでしょう。そんな違いがありましたね。でも、日本人もこういう面では、少しずつ変わってきています。それはよいことだと思います。

―― 小柴さんの教え子たちは、ちゃんと反論していますか。

小柴　ええ。みんな言いたいことは、何

アメリカに留学していたころ

でも言いますよ。私もそれを楽しんでいます。

――どのように教え子のやる気を起こさせていますか。

小柴　一つ例をあげましょう。シカゴ大学で研究員をしていたとき、あるプロジェクトの責任者だった教授が心臓発作で亡くなり、私がその大きなプロジェクトを引き継ぐことになりました。そのプロジェクトの特別顧問に、イタリア人のオッキャリーニ教授が招かれました。そのオッキャリーニ教授がほんとうによい人でした。彼がボストンからシカゴに来ると、よく私のアパートでふたりでビールを飲みながら、よもやま話をしたものです。それは楽しい時間でした。そのとき、こんな話が出たのです。地下に大量の水をためてその上から光電子増倍管で観測したら何が見えるだろうかと。当時はどんなものが観測できるのかもわかりませんでした。でも楽しかったですね。まだだれもやったことのないことでしたから。それから20年後に陽子崩壊を観測するための実験装置の設計を依頼されたとき、この雑談を思い出したのです。私はこのアイディアを紙に書きとめました。それがカミオカンデの始まりです。

――ノーベル賞の受賞につながった研究の基礎は、そのころ築かれたということですか。

小柴　ええ、シカゴにいたときには、それは一つの思いつきというか、アイディアにすぎませんでした。でも、それは私が若い人たちによく言う研究のタマゴの一つでした。私は、若い人たちにいつか実現したい研究のタマゴを、常に一つか二つは持っていなさいと話しています。シカゴでの雑談も、そういうタマゴの一つでした。それが20年後、ときが熟して実現したのです。ですからまず教師として、私はたくさんのタマゴを持っていなければなりません。研究室に新しい学生が入って来ると、私はタマゴをまず一つ見せます。もし、その学生がそれに関心を示せばよし、興味がないようなら別のタマゴを見せます。そうやって学生自身が何に興味があるかを見つけるのです。

――学生はただ受け身になってタマゴを受け取

ればいいのですか。

小柴　いいえ、受け身ではだめです。自分からやろうという姿勢が必要です。教師に示された課題を自分で積極的に調べなければ、それが自分がほんとうに関心のあるテーマかどうかわかりません。ただあれをやりなさいといわれて「ありがとうございます」というだけではダメです。関心があるテーマかどうかを判断するには、学生自身が積極的に取り組む必要があります。

――　未来を担う子どもたちに、何かメッセージをお願いします。

小柴　若い人たちにとって大切なのは、いろいろなことを自分自身でやってみることです。そしてその中から、自分がほんとうにやりたいことを見つけましょう。それが見つかったら、大切に大きく育てていくことです。そして人生を楽しんでください。それが私のメッセージです。

――　かつて子どもだった大人たちにもひと言お願いします。タマゴを育てそこなった大人たちは、何かするには遅すぎるのでしょうか。

小柴　人生には遅すぎるということなどありません。私はもう76歳になりますが、まだまだやりたいことがあります。遅すぎるなどと思ってはいけません。いくつになっても、興味を持てるものはあるはずです。

――　ノーベル賞を受賞されてまだ間もないのに、もう温めているタマゴがあるのですか。

小柴　それも一つではありませんよ。

――　いくつもあるのですか。

小柴　でも、タマゴの中身がわかったら笑われるかもしれません。

――　どんなタマゴですか。

小柴　それは秘密です。

――　いつか教えてくださいね。小柴さん、今日はどうもありがとうございました。

（2003年1月30日放送）

現状は…①

子どもたちはなぜ勉強しなくなったのか

学校以外で一日どれくらい勉強していますか。ＮＨＫ放送文化研究所では、このほど中学生、高校生を対象に勉強についての意識調査を行いました。

高校生の場合、20年前は99分、しかし今回は55分。およそ半分に減ってしまいました。さらに4割あまりが、勉強しても将来よい暮らしができるわけではないと答えています。その一方で興味あることをもっと勉強したいとほとんどの子どもが答えています。

子どもたちはなぜ勉強しなくなったのか、どうすれば学習意欲を引き出せるのか。20年間の調査データをもとに探ります。

Guest commentator

尾木直樹
中学、高校の教員を経て教育評論家に。著書に『子どもの危機をどう見るか』、『学力低下をどう見るか』など多数。

Guest commentator

中瀬剛丸
ＮＨＫ報道局社会部などを経てＮＨＫ放送文化研究所で政治や社会問題に関する世論調査を担当。番組に『ＮＨＫ中学生・高校生の生活と意識調査』

■勉強時間の減った子どもたち

放送文化研究所が中学生と高校生合わせて１８００人を対象に行った意識調査で、子どもたちの勉強時間が大きく減っているというショッキングな事実が明らかになりました。

この調査を行った放送文化研究所で世論調査を担当している中瀬剛丸副部長ととも

にみていきます。調査を行った目的というのはどういうものでしょう。

中瀬　中学生、高校生では、かつて校内暴力がたいへん大きな問題となっていました。その後いじめや不登校などいろいろな問題が続いていますし、最近では勉強離れや学力低下が問題として指摘されるようになってきています。それでは中学生、高校生が実際にはどのような生活をしていて、どういう意識があるのかを把握したいというのが目的です。それもたとえば、何かの事件などで問題が目に見える形になった中高生の姿ではなくて、一般の中高生はどうなんだというのを把握しようというのが調査の目的です。

調査は２００２年の夏休みの最後の一週間に行いまして、１８００人のうち１３４１人、74・5パーセントの生徒さんから回答をいただきました。方法は、調査員が直接お宅に行って聞き取り調査をする個人面接法をとっています。

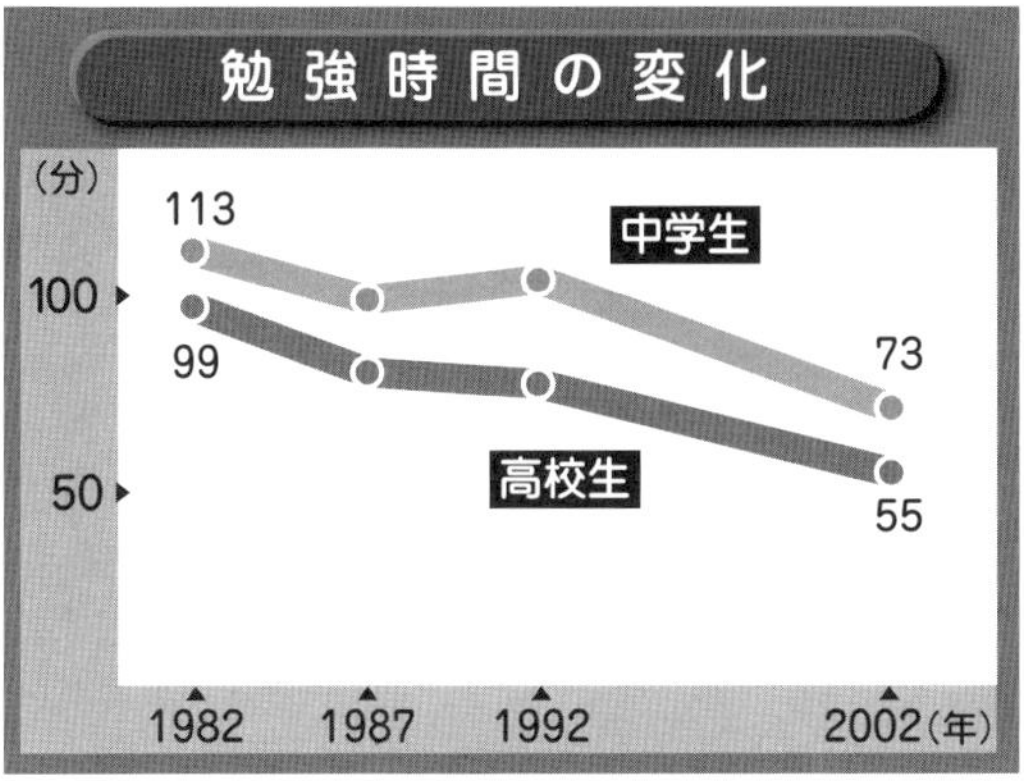

――データをもとに、みていきます。まず、最初のデータは非常に注目すべき数字だと思います。

中瀬　勉強時間の変化についてのデータです。中学生、高校生に、学校外での勉強の時間を聞きました。学校外での勉強時間には、自宅のほか塾も含まれています。１時間くらいとか2時間くらいというような形で聞きまして、厳密な比較はできないのですが、平均的な時間を出しています。82年から少しずつ勉強時間が減っているのがわかります。とくに92年から10年間の減り方が、大きいです。高校生でみますと、82年の99分から２００２年の55分ということで、半分近くに減っています。

――単純に時間が少なくなったから、勉強しなくなったということですが、効率があがったのではないかという考えもあるのではないでしょうか。

中瀬　はい、勉強時間の割合がどうなっているのか、具体的に勉強時間数が出ているデータを見てみましょう。学校以外ではほとんど勉強しないという答えが中学生では17パーセント、高校生では41パーセントあります。勉強時間が長い生徒の割合が少なくなっています。それ以上に、家ではほとんど勉強しないという子どもが増えました。

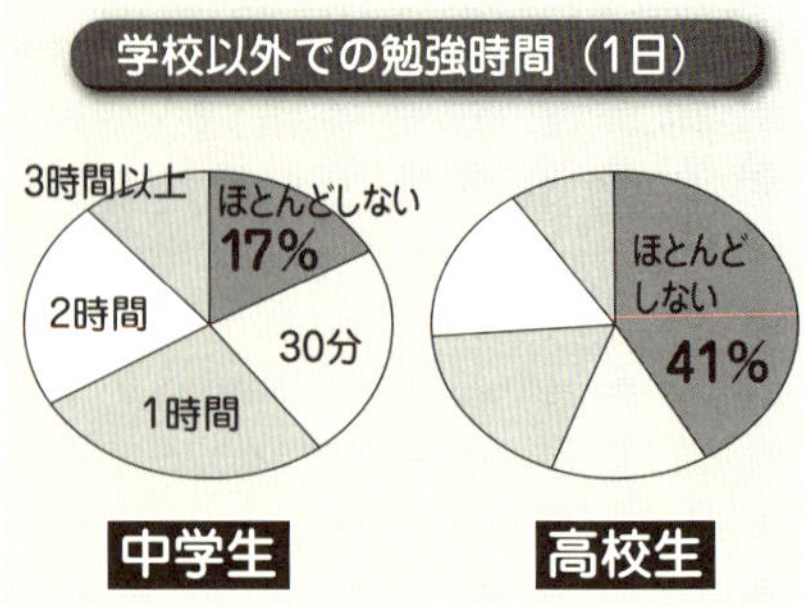

高校生では、今は41パーセントですが、20年前の81年には25パーセントくらいでした。「学校以外での勉強時間が30分くらいの生徒」と合わせると、高校生ではもう半分くらいが家ではあまり勉強しないような状態になっています。

――つまり効率を上げて短い時間でやればいいという問題ではなくて、勉強そのものをしなくなってきている、ということなんですね。スタジオには教育問題や子どもの心理に詳しい教育評論家の尾木直樹さんにもおいでいただきました。子どもたちの勉強時間が減ったというデータをご覧になっていかがですか。

尾木　あらためてデータを見せられると、驚きますね。特に高校生の半分近くが家でほとんど勉強しないという、中学生の倍以上ですし、これはかなり衝撃を受けました。勉強時間が減っているということは、裏返してみれば、学習意欲がそれだけ減っているということです。社会の変化などのいろいろな要因が絡み合っているとは思いますが、教育問題として考えたときに、かなりていねいに分析をしなければいけない問題だと思います。

――ある意味では今の教育の最大の問題と考えていいのでしょうか。

尾木　そうです。あの勉強好きだった子どもたちがどこへ行ったんだという感じです。

——さあ、子どもたちがなぜ勉強しなくなったのか、社会の変化、子どもたちの意識の変化、そして親子関係、この3つの点から、考えてみたいと思います。

■社会の変化からみる子どもたちの勉強意欲

——まずは社会の変化。学歴神話が崩れつつあるのではないかという点についてです。

中瀬　これは勉強に意欲が持てるかどうかを表しているデータだと思います。「一生懸命勉強すれば、将来よい暮らしができると思うか」という質問で、「そう思う」と答えたのは、中学1年生では60パーセントを超えていますが、学年が上がるごとにだんだん減っていき、「思わない」、つまり勉強しても仕方がないのではないかと思う生徒が増えています。高校3年生、大学受験、あるいは社会に出る時点になりますと、「そう思う」と「思わない」とは、だいたい同じくらいの割合になっています。学年が上がるごとに「そう思う」が減っていくということは、学校で勉強している期間が長くなれば長くなるほど、勉強しても仕方がないという気持ちが強くなってしまうわけです。学習意欲という面でいろいろ考えさせられるデータです。

——これは問題ですね、勉強すればするほど、「そう思う」の割合が減っていくわけですから。尾木さん、どうしてだとお考えですか。

尾木　僕らの時代は、どうして勉強するのかと聞くと、「あんたお父さんみたいになっていいのかい」なんて言われて、「おおやばい」なんて言っ

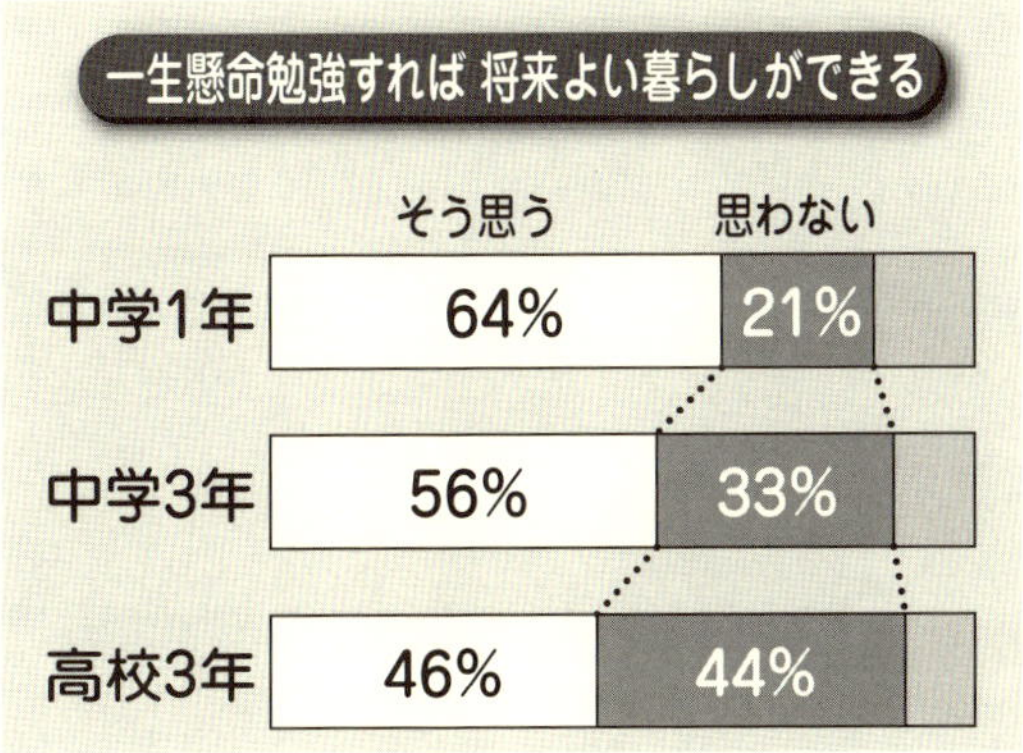

て一生懸命勉強したというような記憶もあります。半分も「勉強しても将来よい暮らしができると思えない」というのは、やはりある意味で子どもたちはよく現状を見ているということです。リアリストだという感じはします。現実に不況が非常に厳しくなっています。リストラされる方も多いですし、今の失業率からいいますと、子どもたちのところでクラスに5人に1人くらいの割合で、親御さんたちがそういう厳しい状況におかれていたり、あるいは自分のお兄ちゃんの友だちが就職が決まらなかったり、いろいろな不況の影響が子どもたちの身近にも押し寄せているということなのです。あそこはよい大学を出ているのにとか、あそこのお兄ちゃんはあんなに勉強していたのにまだ就職できないのという状況を見ていて、中学生や高校生が僕もがんばって勉強しようとはなかなか思えないのは、よくわかります。

これまでよくいわれてきた学歴神話がかなり崩れつつあるのではないかという感じがします。

尾木　――そういう動きに子どもは非常に敏感ですよね。

敏感です。自分の将来のことですし、子どもの特性でもあります。

尾木　――不安だからこそ勉強して自分で力をつけて切り開いていこうという発想にはなれないのですか。

なれないです。大人だってなかなか思えない状況ですから。

中瀬　――さらに学歴神話が崩れつつあることがうかがわれるデータがあります。

今、就職の話が出ましたが、将来なりたい職業を自由回答であげてもらって分類したものがあります。

サラリーマンやOLになりたいと答えた子どもが10年前は10パーセントでしたが、今回4パーセントに減っています。いっぽう増えているのは、ケースワーカーといった福祉・医療関係の仕事です。分類でいうと専門職とか技能職というような分野の仕事に就きたいという子どもが増えています。

もうひとつ特徴があります。これは自由回答ですから、いろいろな仕事があげられます。以前に比べて、非

将来なりたい職業（高校生）

サラリーマン・OL	10%→4%
福祉・医療関係	2%→5%

メーキャップアーティスト・ゲームクリエーター
水族館の飼育係・コンピュータープログラマー

常に多種多様な仕事に就きたいと答えるようになっています。メーキャップアーティストとか、ゲームクリエーター、ほかにもソムリエとか洋菓子の職人、実にいろいろな職業を子どもたちはあげています。自分が好きなことを仕事にしていく、あるいはだれかに使われるのではなく、自分が自分のボスになる、自分の才能で仕事ができる、そういう職種の人気が高くなっているような気がします。

――尾木さん、ご覧になっていかがですか。

尾木　ものすごく特徴的ですが、大学進学を前提としていない職種、技能関係が増えているような気がします。これまでは大学進学をめざした勉強が当たり前でしたが、学歴神話はくずれてきて、勉強への動機づけが非常にやりにくくなっているなあという感じがこのデータからもします。

――本来は大学にいかなくてもできる仕事ですが、こういう仕事に就くためには、専門の勉強が必要ですよね。

尾木　おっしゃるとおりです。大学にいって学歴をつけるということではなくて、たとえばメーキャップアーティストにしても、生理学的な勉強や環境問題の勉強、あるいは芸術的な勉強など、いろいろなことをやらなければいけません。水族館の飼育係にしても、素敵な飼育係になろうとしたら、水産学を学んだり、魚のことを研究したり専門的な勉強が必要です。洋菓子職人さんにしても、フランス語を勉強するなど、きりがないほど奥が深いわけです。専門の勉強が実は必要なんだという方に、まだ切り替えができていない時期かなという気がします。勉強といえば大学受験や進学のためでしたが、これまでの学習観が崩壊して、まだ新しいところへ向かえない時期ではないかという気がします。

■子どもたちの意識、考え方の違い

――次は子どもたちの意識、あるいは考え方の違いという点からみていきます。

中瀬　勉強をしなくなった背景として、子どもたちがどういう人生を歩むのか、生き方についての意識が変わってきているのではないかと考えられました。そのデータです。「どのような生き方が望ましいか」という問いに、「その日その日を自由に楽しく」とか「身近な人たちとなごやかな毎日」と答えた中高生が7割から8割います。

――圧倒的ですね。

中瀬　しっかり計画を立てて豊かな生活を築くというのは、中学生、高校生ともに15パーセントずつしかいません。みんなと力を合わせて世の中をよくするんだという子どもは、もっと少なくなっています。この「その日その日を自由に楽しく」「身近な人たちとなごやかな毎日」というのは、将来のために今何かを我慢するというのではなく、今の生活を大事にしたいという考え方です。こういう今の生活を大事にする考え方は、この20年間でだんだん強くなっています。

――今を大事にする考え方につながるデータが、もうひとつあります。

中瀬　こちらは「早く大人になりたいかどうか」という質問です。「早く大人になりたくない」という答えが、中学生も、高校生も6割近くいます。なぜ早く大人になりたくないのかと聞いてみますと、3人に1

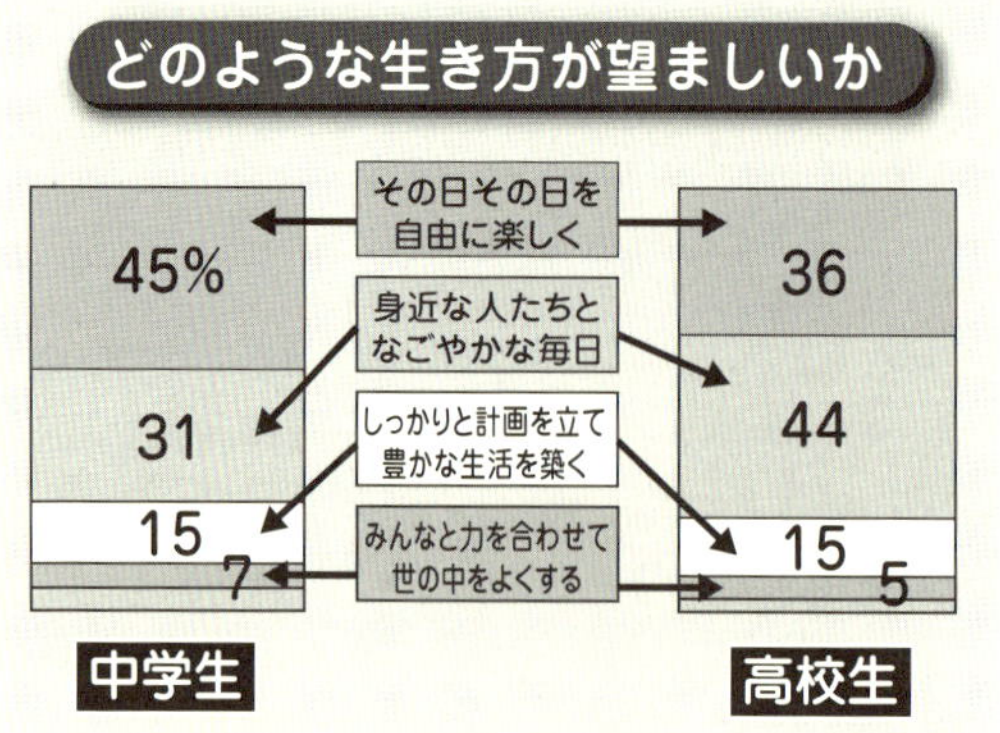

人が「子どもでいるほうが楽だから」という理由をあげています。一方、「大人になるのがなんとなく不安だから」という理由も多いのです。大人になってもあまりよいことがないのではないか、あるいは自分の将来にあまり希望を持てないという中高生の意識がうかがえます。

――大人になることへの魅力、夢が将来に向けて持てないというひとつの現れですね。尾木さん、ご覧になっていかがですか。

尾木　「今を楽しむ」という回答がすごく多いのですが、子どもの立場に立てば、先行きが不透明な状況の中で未来に懸けるということができないのです。それならとにかく今を充実させる、楽しんでおこうじゃないかというのは、非常にわかりやすい気がします。ある信頼できる調査の結果ですが、どういうときに学習意欲がわきますかという問いに対して、わかる授業、楽しい授業という項目がこれまでかなり上位を占めていましたが、僕が驚いたのは、将来就きたい仕事がはっきりしたとき、自分が何になりたいか見えてきたときという回答でした。中学生、高校生とも9割前後、非常に高かったんです。

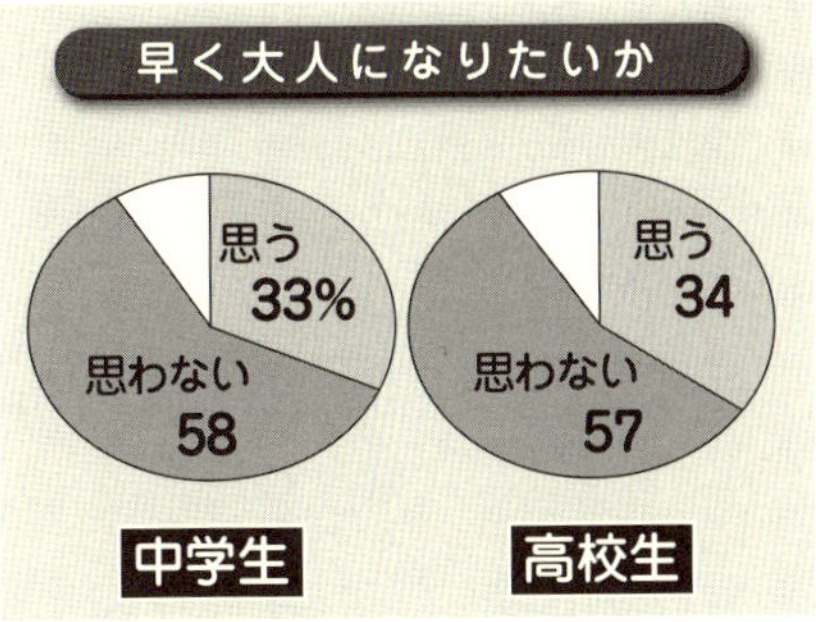

――9割ですか。

尾木　さきほども興味あることが見つかればというのがありましたが、目的意識というか、職業的なことも含めて実現していけるものが見つかったときには、子どもたちは意欲を出そうとしているんだということがわかります。本質的に勉強が嫌いになったわけではない、しない子になったわけではないところが非常に大事です。ただこれだけ不況が荒れ狂っていますと、身の回りになかなか素敵なモデルがいません。子どもたちだけに希望を持とうというのは非常に難しい。将来に向かって勉強する気がわいてこないというのは、よくわかります。

――確かに子どもたちを取り囲む大人、あるいは親戚や友だちのお兄さんなど、身近なところで自分はこうなりたいというモデルがないというのが現状です。子どもたちが将来の夢や目標を持てるような環境をまわりがいかに作れるかということになりますね。

尾木　そこがポイントではないですか。

■子どもと親の関係

――次は子どもと親の関係でみていきます。中高生に「日本の将来は明るいか」と聞きました。

中瀬　さきほど子どもたちが自分の将来に希望を持てないのではないかという話がありましたが、自分の将来だけではなくて社会の将来に対しても悲観的なのです。「日本の将来は明るいか」という問いに、「そうは思わない」という回答が6割超えています。ところが同じ質問を親にもしましたが、親の方がもっと悲観的なのです。

実は9割の親が日本の将来は明るいと思わないと答えています。さきほど「一生懸命勉強すれば将来よい暮らしができると思うか」という子どもの調査を紹介しましたが、親に聞きますと7割が「一生懸命勉強しても将来よい暮らしができると思わない」、「勉強しても仕方がない」と思っているのです。日本の将来に対し悲観的で、がんばっても大したことないのではないかというような親が多いという状態で、子どもたちががんばって勉強しようと、果たして思うかどうか。

――確かに親の92パーセントが「日本の将来が明るいと思わない」のに、よく子どもは64パーセントにとどまっているなという気がします。

中瀬　まだ少しは未来に希望を持てるというのは、子どもだからこそなんだと思います。

――親子関係と勉強時間について、もうひとつ興味深い結果が出ています。

中瀬　勉強時間が長い短いというのを、いろいろな側面から分析してみて、おやっと思ったデータがあります。

1カ月の小遣いと勉強時間の関係です。小遣いが3、4千円くらいという高校生の場合、ほとんど勉強しないというのが32パーセント。小遣いを7千円以上もらっているという高校生の場合は、ほとんど勉強しないというのが47パーセント。小遣いの多い高校生の方が勉強時間が短い、ほとんど勉強しないという子どもが多いという傾向がでています。このデータは注意して分析する必要がありますが、小遣いがたくさんもらえるから勉強しなくなる、あるいは小遣いを減らせば勉強するようになる、という直接的な関係ではないと思います。小遣いの額というのは、親子関係をみるひとつの指標になっているのだと思います。

たとえば、うちの子どもはゲームばっかりしていてぜんぜん勉強しないという話をよく聞きますが、そのときにゲームは1日1時間にしなさいというような形で、勉強をするように促せる親子関係であるかどうかということです。もしそういう親子関係であれば、必要以上に子どもの求めに応じて小遣いをあげてしまうというようなこともないと思います。小遣いをある程度、親の考え方で決めて子どもにも納得させて、一定におさえられる、子どもの要求を聞いているばかりではないというような親子関係、そういう親子関係の中で勉強時間の長い短いという傾向も出ているのではないでしょうか。

――親子関係ができていれば、小遣いの多い少ないに関係なく、勉強時間

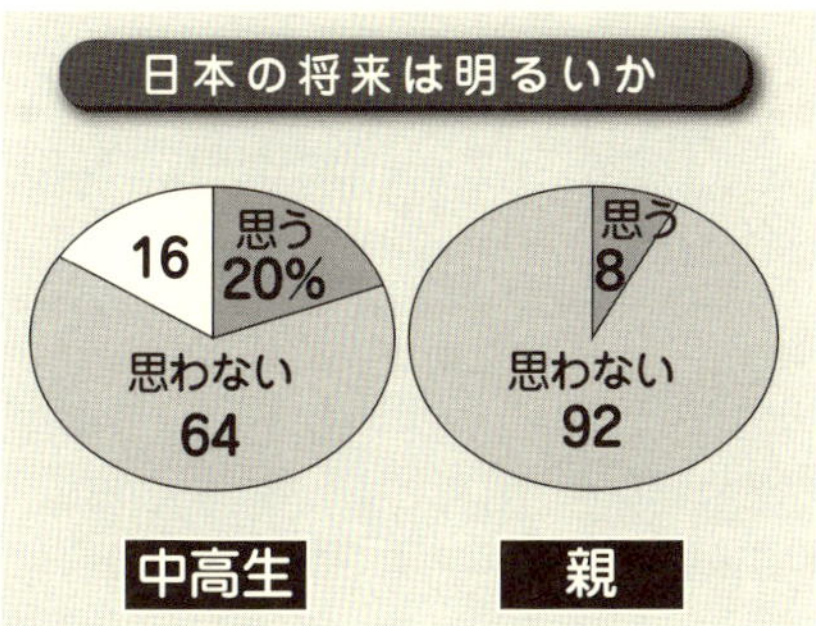

は変化しないですよね。

中瀬 そうです。

── 尾木さん、親子関係については、どうご覧になられます？

尾木 私たちは基本的生活習慣とよくいいますが、お母さんやお父さんが、学習時間にしても、小遣いの管理にしても子どもの基本的な生活習慣を確立する、というリーダーシップを発揮できればいいのではないでしょうか。子どもの生活習慣を確立できる親であれば、学習も上手にリードできるのではないかと感じました。

それから親子関係ですごく重要なのは、親の自信です。今どんなデータを見ても、親の方が子どもたちが思っている以上に自信をなくしてきているということがあります。尊敬されているかどうかという問題にしても、子どもを理解しているかという問題にしても、子どもたちはそれほど気にしていないのに、必要以上に自信喪失しています。自分は子どもがわかっていないとか、信頼されていないのではないかと思っているわけです。これはかなり危機的な状況です。親はもっと自信を持っていいと思います。不況で自信が持てない客観的な条件というのはありますが、その中で苦しくても現実から逃げないで、現実を見つめながら自ら努力していく姿とか、気張っていく姿というのを見せる。子どもに教えるというよりも、パートナーシップをとって子どもも一緒に、日本の社会やリストラの問題のことを考えていこうというスタンスでいいのではないでしょうか。

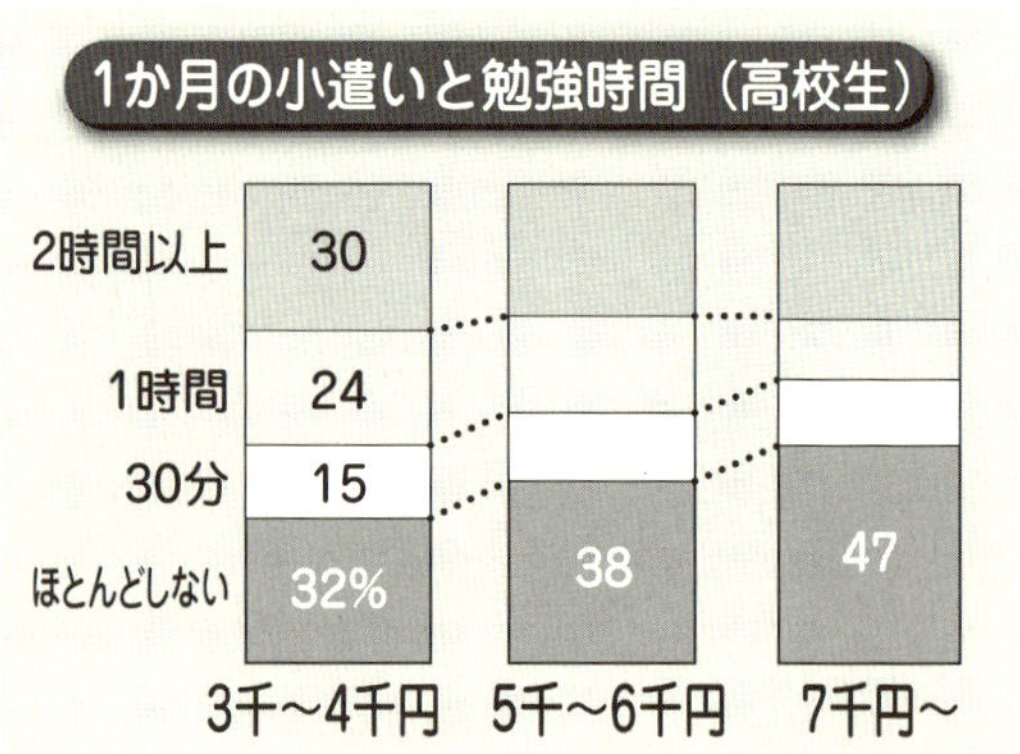

── パートナーシップをとりながら、親は子どもたちをどういう方向に導いていったらいいのでしょう。

尾木　「勉強すれば褒めてあげるよ」、「今度のテストで80点とればお小遣い上げてあげるよ」というように、何かをやれば認めるというのではなくて、「あなたがここにいるだけでお母さんは嬉しいんだよ」、「お父さんは嬉しいんだよ」、「働きがいがあるんだよ」という子どもへの自己肯定心情を育てていくような親子関係を結ぶことが、子どもたちの意欲を支える根っこの部分だという気がします。

——そうやって成長すれば、たとえば社会とのかかわりの中で、仕事をしながら自己実現していこうという意欲もわいてくるはずですね。

尾木　そうです。社会の中での活躍にもつながっていきます。

——親は自分が思っている以上に、子どもは親を尊敬しているというデータがあるということも忘れないでほしいということですね。

尾木　そこは自信を持たなければいけないです。

■勉強するためには何をしたらいいか

——では、子どもたちが勉強するためには何をしたらいいのでしょうか。ヒントになるデータがあります。

中瀬　「自分が興味あることをもっと勉強したいと思うかどうか」という質問です。

「思う」という答えが中学生で80パーセント、高校生で87パーセント。ほとんどの高校生が、自分が興味あることなら勉強したいと思っているわけです。さきほど勉強の意欲のところで、学年が上がるほど勉強の意欲を感じないようになっ

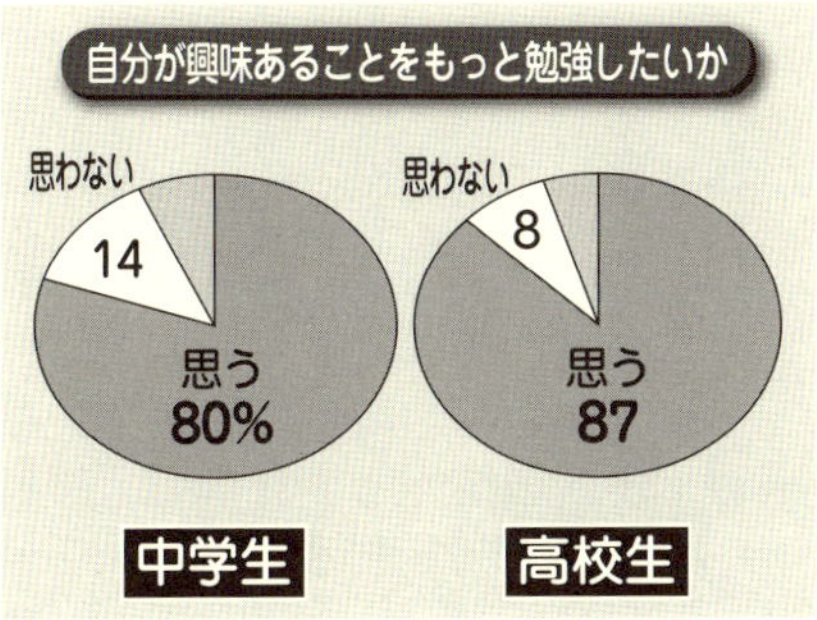

ているというデータを紹介しましたが、このデータには実は逆の傾向がありまして、「興味があることをもっと勉強したい」といちばん思っているのが高校3年生なのです。勉強の意義が感じられなくなって勉強しないけれども、興味があることなら勉強したいというように、逆に勉強への欲求が募ってきています。中高生を勉強するように促していくカギになるデータだと思います。

——学ぶ意欲はあるわけですね。実際、学ぶ意欲がある中高生が勉強していくに従ってその思いとどんどん離れていくのが現状だということになりますが、尾木さん、子どもたちが勉強しようと自ら思えるためには、どうしたらいいでしょう。

尾木　自分が興味あることをもっと勉強したいという意欲がこれだけあるのは、ほっとしました。勇気づけられるような思いです。ここにあるような学びを、今、学校現場では「総合的な学習」といういい方で、やっています。あるいは「総合的な学習」だけではなくて、普通の国語とか数学とか英語、それらの中にも単にそこに教わったことを習得するだけでなくて、子どもたちへの興味関心につなげて横への広がり、奥行きの深さを加えています。興味のある学習にリードできれば、子どもたちは今のカリキュラムの中でも、ずいぶん勉強はやっていけると逆に励まされます。

——具体的にはどういうことが考えられますか。

尾木　たとえば東京のいくつかの学校でいろいろな実践が行われています。ある私立の中学校では、社会問題になっているホームレスの方々の実態調査に入っていろいろな声をきかせてもらう実践をしています。炊き出しのボランティアのお手伝いをしながらその問題を勉強させてもらうと、社会的な背景はいったいなんなんだろうとつめていくことができます。そして自分で体験し学んだことを文化祭で発表して、お父さんやお母さんたち、先生たちに見てもらいます。そういうときの子どもたちの学びは、いきいきしていますし、どんどん勉強していきます。たとえば、勉強はできるのですが燃え尽きてしまったような中学2年生で、夏休みに沖縄へ行って沖縄戦の勉強をしてくる中で、生き方まで変わったという生徒もいます。背筋がしゃんとして、意欲的に学ぶ子になっていくのです。そういう話をいくつも聞きます。

――現実の問題と向き合わせることによって、学ぶ意欲を高めていくということですね。

尾木 そうですね。現実の中にある問題を学ぶことによって学習によって解決できるのだということが、実感としてわかったり、解決の方向性が見えてくるというのは、やはり「生きる力」になってきます。

――学ぶこと自体が楽しくなってくることといえますか。

尾木 はい。職業を実現するためだけの手段としての学習ではなくて、学ぶことそのものが楽しくなってきます。「文化としての学び」とよく言われますが、そこを大事にしていってほしいです。

――広い範囲の学ぶ力がほんとうの学力と評価されてくるといいですね。中瀬さん、調査を担当されていかがでしたか。

中瀬 私自身も親の立場ですので、親子関係の面も意識していろいろなデータを分析しました。たとえばお父さんの仕事について、生きがいがあるものだと思っている中高生は勉強時間が長いという傾向があります。お母さんの生活は生きがいがあるものだと思っている中高生は勉強時間が長い。親への質問でみると、子どもに信頼されていると答えた親の子どもは、勉強時間が長いという傾向があります。これらのデータをみていますと、やはり親自身がどういう姿を子どもに見せているのか、子どもは親の姿を見て育っているのだということをあらためて感じさせられました。

――そうすると、親が生きがいを感じながら仕事をしていれば、自然と子どもに伝わっていくということですね。

（２００２年２月27日放送）

それでも、希望はある

NHK解説委員　早川信夫

中学生、高校生が勉強しなくなったことを取り上げたNHK放送文化研究所の調査を「勉強」から少し離れて違った角度からみてみましょう。

数字に表われた中高生像の特徴を私なりに三点に整理し直してみました。一つは「マイペースで健康そうだが…」。もう一つは「ちょっと気になる親子の距離」。そして「夢と希望はある」。この三つです。

第一の「マイペースで健康そうだ」というのは、次の質問から浮かび上がってきました。

まず、自分の生き方について、「他人に負けないようにがんばる」競争型のタイプか「のんびりと自分の人生を楽しむ」マイペース型のタイプか二つの中から自分がよいと思うものを選んでもらいました。中学生、高校生ともマイペース型が競争型を上回りました。「何だ前からじゃないか」とお思いになるかもしれませんが、その傾向が20年前からどんどん強まっているのです。とりわけ、中学生は今回初めて競争型を上回りました。「のんびり・マイペース」という生き方が、低年齢化してきたことを示しています。

また、体調面のことを尋ねた「夜、眠れない」とか「疲れやすい」といった項目については、「まったくない」と答えた生徒が中高生とも20年前に比べて目立って増えてきています。さらに、心の面について尋ねた「思いきり暴れまわりたい」とか「大声を出したい」といった項目でも「まったくない」という割合が増えています。数字だけをみると、一見健康そうで、ストレスがないようにもみえます。

しかし、「ムカつく、キレる」といわれる今の中学生、高校生の問題は解消したのかというと、そうとはいえません。体調や心の面について尋ねた項目で「まったくない」の他の選択肢は「よくある」「ときどきある」「たまにある」なのですが、高校生では「よくある」という割合は必ずしも減っていないのです。「疲れやすい」「立ちくらみやめまいがする」「大声を出したい」「何もやる気がしない」が「よくある」という答えはかえって増えています。減ったのは「ときどき」または「たまにある」という中間の割合で、両極化しているだけのことなのです。全体的には健康そうに見えるけれど、体調や心に不安を抱えている生徒は減っていない。学力の問題にも通じる、二極化の傾向を示しています。

第二の「ちょっと気になる親子の距離」というのは、子どもたちの変化の背景には親の影響が考えられるのではないかということです。冒頭で紹介した競争型かマイペース型かですが、中学生の傾向と父親の傾向がそっくりです。母親はもともとマイペース型が多かったのですが、父親も今回の調査で初めて競争型を上回りました。グラフにしてみますと一目瞭然。ほとんど重なるような傾向を示しています。母親だけでなく、父親もマイペース型の生き方を志向するようになったこと、つまり生き方への価値観の変化が、子どもたちに影響を与えたことがうかがえます。また、親への質問の中で、「自由を尊重する親」でいたいとする割合や「何でも話し合える友だちみたいな親」でいたいという割合も増えています。どちらかというと、子どもを厳しくしつけるというよりは仲のよい親子であることを願う傾向が強まっているととらえることができるのではないでしょうか。

親子の仲がよければそれでよいのではないかという声が聞こえてきそうですが、気になることがあります。一つは「家庭よりも学校で教えてほしいこと」として最も多いのが「社会のルールやマナー」という答えで、学習面以上に期待が高いことです。集団生活の中でルールを身につけることは大切なことではありますが、あまり学校に期待し過ぎるのもどうでしょうか。また、子どもの友だち関係について妻にまかせているという父親が11パーセントと10年前の倍近くになっています。割合こそ低いものの、父親の役割、責任といったことを考えさせられます。さらに、中高生に「悩み事や心配事を相談するとしたら誰に相談しますか」という問いに対して、最も多い「友だち」という割合が減る傾向にあるのに対し「お母さん」という割合が増えてきています。親子で何でも相談できるよい関係ととらえることもできますが、友だちとの広がりのある世界ではなく家族という居心地のよい世界に閉じこもりがちなのではないか。思春期ともなれば、お互いにもうちょっと距離をおいてもいいのかなという気がします。

こうみてくると、あまり展望が開けないように思いがちですが、決して悲観材料ばかりではありません。第三の点、「夢と希望はある」のです。たとえば、「自分の生活のことより社会のことを考える」社会重視か「社会のことを考える前にまず自分の生活を大切にする」個人生活重視かを選んでもらったところ、中高生の方はわずかながら社会重視へと傾向が変わりました。親はこの20年の間にどんどん個人生活重視へと向かっているのに、なぜかこの設問では親子の傾向が分かれています。どうしてなのかは、この調査だけで結論を出すことはできませんが、ボランティア活動への参加や学校での体験学習が盛んになったことで、市民社会への参加の意識が芽生え始めてきたととらえることもできるのではないかと思います。子どもたちの学力低下の議論でも、子どもたちの引き起こす事件をみても、つい子どもたちをどうするのかという議論になりがちです。しかし、子どもたちはけなげに生きています。今の子どもたちは捨てたものではない。「夢と希望」はあるととらえ、大人ができることから考えることが大事ではないかと思います。

現状は…②

教育改革にチャンスあり

～教育ビジネスの新戦略～

教育関連の大手出版社は科学実験教室を始めました。教育改革で理科の時間が減ったことに目を付けた新しいビジネスです。

進学塾では、これまでの受験勉強とは違う学習をする時間を設けました。「自分の好きなスーパーマーケットを作ってみよう」などのテーマで情報を整理し、表現します。中学受験で、「考える力」が求められるようになったからです。

教育改革の動きに合わせて　新しいビジネスを展開しようとする進学塾や出版社。その最先端の動きを追います。

Guest commentator

小川菜摘
中学校1年生、小学校3年生の2人の子どもを育てながら、テレビなどで活躍している。著書に『小川菜摘のすっぴん料理』など。

■進学塾の新しい教育ビジネス

土曜日が休みになったり、学習の内容が削除されたりすることによって、進学塾などの教育ビジネスの取り組みも変わってきています。教育ビジネスは教育改革の動きに対してどんな戦略を打ち出しているのかをみていきたいと思います。

一緒に考えてくださるゲストは、2人のお子さんのお母さんでもいらっしゃいますタレントの小川菜摘さんです。小川さん、塾というとどういうイメージですか?

小川　塾ですか。私は大嫌いでした。私は子どものころ行かされていましたが、教材の裏にのっている答えを丸写しにしていました。だから詰め込みというイメージが今でも拭えないです。

――塾というと、とにかく受験に向けてのテクニック、知識を詰め込んでいくというイメージでしょうか。

小川　そうです。自分から行こうというのではなく、親に「とりあえず塾行って」みたいな感じで行かされてたという記憶しかないです。

――でもその塾が、今の教育改革に合わせて大きく変わってきているのです。実際に、教育ビジネスの新しい動きをみていきたいと思います。教育関連の大手出版社と進学塾の取り組みをご紹介しましょう。

実験の楽しさを教える

教育関連の大手出版社が２００２年7月から始めた科学実験教室です。この日のテーマは「音の不思議」。音の性質をさまざまな実験を通して楽しみながら理解させようとしています。

先生　「この塩に向かって、大きな声を出すの、せーのっ」

男の子「あーっ！」

先生　「ほら見て見て。なんか模様ができたと思わない？　ほらこんな感じで」

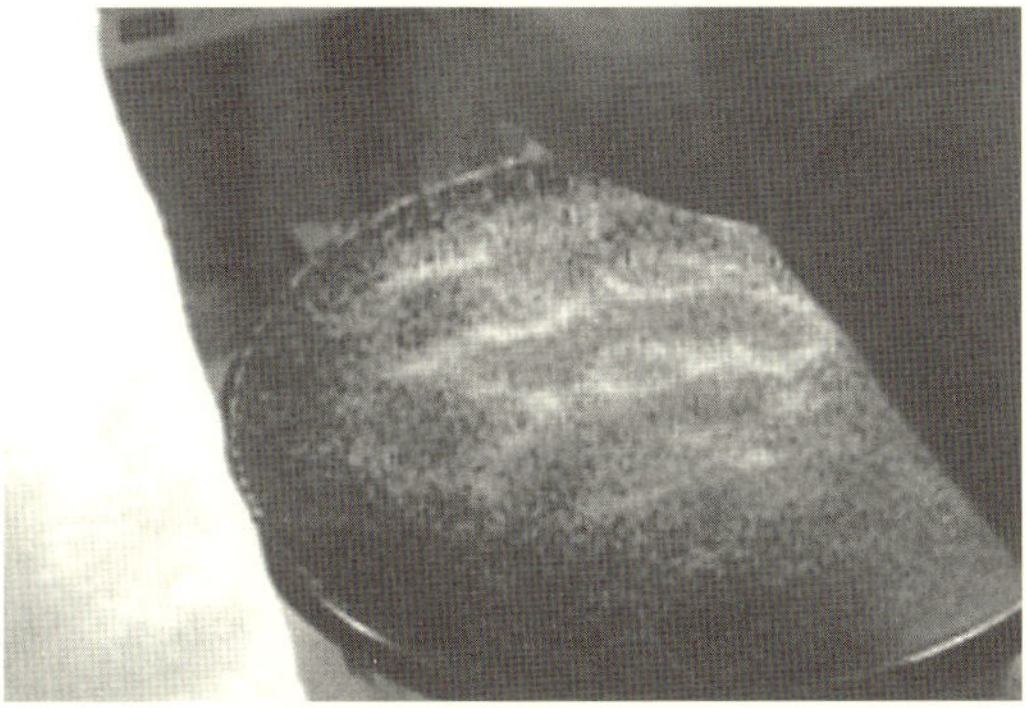

音が振動で伝わることを利用した実験

●お問い合わせは学研教室（TEL0120-889-100）へ

塩をふった黒いポリ袋の上で声を出すと、模様ができます。声が振動で伝わることを利用した実験です。

4月から教育改革で毎週土曜日が休みになりました。その土曜日を利用して小学生向けのこの科学実験教室は、全国450か所の学習塾で開かれています。

科学実験教室のパンフレットには、科学好きの子どもを育てるため、体験する学習を提供するとあります。これまで出版で培ってきたノウハウを最大限に利用しています。「40年間、子ども向けに科学の雑誌を出してきたという実績がありまして、そこには楽しい科学実験のノウハウが大変多く蓄積されているのです。それを科学実験教室という場で提供していきたいというのがひとつの大きなねらいです」（出版社教室事業部　沢口徳三さん）

教育改革で、理科の内容が大きく削減されました。教科書を比べると、たとえば以前の3年生には、「音を出してみよう」という項目がありました。しかし新しい教科書にはありません。出版社はそこに目を付けたのです。

科学実験教室では、このなくなった項目「音を出してみよう」の実験を積極的に扱っています。バネ電話は、バネを伝わって声が行き来し、こだまのように響きます。

女の子「行くよ。あ〜〜〜〜、あ〜〜〜〜」

この出版社は全国の学習塾にノウハウを提供し、科学実験教室をさらに広めようとしています。そのため、どの学習塾でも科学実験ができるようにマニュアルを作りました。準備をどう進めればいいか、子どもにどう話しかければいいか、イラスト入りでわかりやすく書かれています。入念に準備された実験は子どもたちに好評です。出版社では、将来小学校にもこの科学実験のノウハウを売り込みたいと考えています。

考える力、表現する力を育てる

　中学受験をめざす進学塾でも、新しい動きが生まれています。これまでの受験勉強とは違う、考える力を育てる学習を、教育改革で休みになった土曜日に始めました。
先生「デパートじゃなくて、コンビニでもなくて、個人の店でもなくて、みんなにはスーパーマーケットを作ってもらいたいの」
　この日のテーマは「スーパーマーケットを作ろう」。自分の作りたいスーパーマーケットを考え、絵や模型にします。限られた時間で情報を整理し、表現する力をつけます。
先生「お魚とかお肉とか野菜とかいろいろなものがあるけれど、どこで買ってたかな」
　まず、子どもたちがふだん食べているものが、どこで売られているか問いかけます。
男の子「デパート」
　デパート、スーパー、コンビニなどさまざまな答えが出ました。次にスーパーとほかの店はどう違うのかを考えさせます。デパートに買い物に行き、商品を包んでもらうところを演じて見せます。
先生「これがデパートのシーン」
女の子「デパートの方がサービスがいい」
先生「デパートの方がサービスがいいの？コンビニとスーパーってなんかある？」
生徒たち「コンビニのが小さい」
　わかったことはすぐに手元の教材に書き入れさせます。
先生「じゃあ実際に、○×スーパーの例というのを見てみましょう」
　さらに子どもたちは、塾の教材にのっているスーパーについて、どんなところにあるか、商品をどう並べているか、店の人はどんなことを考えているか、知識を深めます。こうし

●お問い合わせは日能研本部（TEL045-473-2311）へ

て情報を整理し、考えを効率よくまとめる方法を学びます。

「昔の受験勉強や入試問題というと、問いと答えが近い。問われてすぐ答える。どちらかというと反射神経的な問題で、それがどれだけたくさんできるかというのが受験勉強というようなイメージがあったかもしれません。それがどんどん変わってきて、問われてじっくり考えて、私ならどうしよう、私はこういうふうに思うんだけど、これはどうかな、こういうふうに自分で考える、自分の力を使って問題と取り組む、こういう問題がものすごく増えてきているのです」（進学塾代表　高木幹夫さん）

新しい学習方法に取り組んだ背景には、私立中学の入試問題の変化があります。

銅鐸に描かれた絵から、当時の生活を答えさせるなど、考える力を求める問題が増えています。

「スーパーマーケットを作ろう」という学習では、情報が整理されたところで、自分はどんなスーパーが作りたいか、特徴は何か、考えさせます。

女の子「タイムサービスを18時から20時くらいにたくさん作る」

男の子「身体のどこかが不自由な人とか、子どもからお年寄りまで、みーんなきてもらい

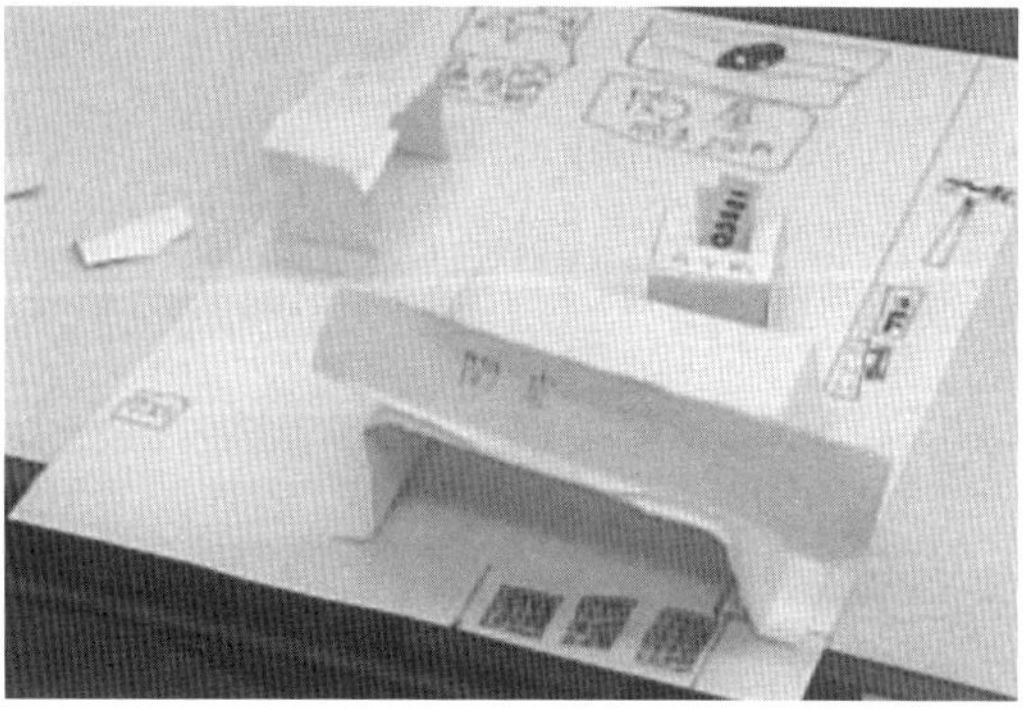

バリアフリーのスーパー

たい」

　最後に自分が考えたスーパーを、絵や模型の形で表現させます。

　情報を整理し、考える力を身につけるだけでなく、それを表現する力を養います。考える力と表現する力、この2つが新しい入試問題を限られた時間で解くカギになります。

　この日参加した14人全員のスーパーができました。

　商品を安く売るタイムサービスを2時間続けるスーパー。


　お年寄りや身体の不自由な人のために段差をなくし、トイレも大きく作ってあるバリアフリーのスーパー。

　空想で描いた動物専用のスーパー。ケンカしないように、草食動物用のコーナーと肉食動物用のコーナーに仕切られています。

女の子　ふだんでは思いつかないことをいっぱいやって楽しかった

男の子　ふだんスーパーのことにはあまり気づかなかったり、知らなかったりしたので、よい経験になりました

■考える力をつける

——イメージが少し違いますね。

小川　塾の戦略が見えます。塾も時代によって試行錯誤しているのだなあという印象です。それから、お金を払って学ぶことが、学校の総合学習的なことなのかと思うと、少し不満に思います。私たちが子どもだった時代には、スーパーごっこだったりお店屋さんごっこだったり、いろいろなことを考えて、ごっこ遊びをしましたが、今は大人に与えられないとできないのかと考えてしまいます。ファミコン世代というのでしょうか。子どもたちを見ていて、少し寂しい気もします。

――本来なら、ふだんの生活の中で体験したり考えたりすることを、塾でやってもらっている。

小川　ということです。ここに大人がお金を払っているのかしらと思うと、首をひねりたくなります。

――教育改革による学力低下といわれていることについて、親の不安があるのかなということをうかがわせるデータがあります。

ＮＨＫが中高生の父母に聞いた「子どもの学校の授業内容について」の調査です。子どもの学校の授業内容について、54パーセントの人が、この程度でよいと20年前も今も答えていますが、その20年前の調査と今と劇的に変わっている2つの項目があります。20年前はむずかしすぎると答えていた人が22パーセントいましたが、今は4パーセント。逆に20年前にもっとむずかしくていいと答えていた人は4パーセントでしたが、今は12パーセントにあがっているということです。

小川　「もっとむずかしくしてもよい」というのは、単純に授業内容が3割削減されたということからきているのではないですか。

子どもにしてみたらたまったものではない。もういっぱいいっぱいと思っている子もいるでしょうしね。

――小川さん本人としてはいかがですか。

小川　私は今の内容で、もっとほかの総合などに力を入れてくれた方がありがたいと思っています。ただ本人が今の僕のレベルではついていけないんだ、だから塾に通いたいんだと言い出せば、どうぞと勧めるかもしれませんが、私は今の学校の内容で満足しています。

子どもの学校の授業内容について（父母）

	1982年	2002年
むずかしすぎる	22%	4%
もっとむずかしくしてもいい	4%	12%

――父母がどう考えるかというより、本人たちがどう考えるかということを生かしていってほしいという感じでしょうか。

小川　そうです。

――さて教育改革に伴う教育ビジネスの新戦略について、早川信夫解説委員にも加わってもらいます。早川さん、教育ビジネスのこの動きをどうみますか？

早川　キーワードは「新課程対応」です。この「新課程対応」という言葉は、ここ数年、さかんに言われています。4月から新しい学習指導要領になって、学習内容が変わる、これをビジネスチャンスとしてとらえようというわけです。

学習塾の世界では、少子化による競争の激化を、塾通いの低年齢化ということでしのいできました。ところがこれがもうそろそろ限界にきました。そこに新しい学習指導要領が始まることになったのです。

これを追い風として使おうということです。具体的にいいますと、学校の学習内容が3割削減されて、毎週土曜日が休みになる、こうしたことへの親の不安にうまく応えて、魅力的なメニューを用意できるところが生き残れるのだということです。そこで目をつけたのが、休みになる土曜日です。月曜日から金曜日までは、これまでどおり知識重点型の学習をして、土曜日にひと工夫しようということなのです。

――科学実験教室の例は、まさにその典型的なパターンですね。

早川　そうです。ねらいとして整理してみますと3点あります。

一つは削られた学習内容の補完という意味合いです。二つ目は土曜日まで知識重点型にしてしまうと、詰め込み批判が出てきてしまうのではないかということへの配慮です。三つ目は子どもたちの学習意欲の低下がいわれている中で、体験学習を経験した子どもたちというのは、知識の吸収力が高いといわれているわけです。

つまり学校で実験を体験することが少なくなった子どもたちに、そうした機会を提供することで、学習への動機づけをしよう、学習意欲の向上につなげようというわけです。

――やはり塾は対応が早いですね。

小川 早いですよ。抜け目ないです。

――もう一つは、スーパーを作ろうという学習を試みている進学塾ですが、こちらはどうご覧になりますか。

早川 「考える力」を問う入試問題が増えたということへの対応ということです。新しい学習指導要領では、これまでの知識詰め込み型への反省ということで、総合学習ができまして、考える力を重視するようになったわけです。入試問題も選択方式から記述方式に変わってきているし、しかも、少しひねって考える力を問う問題が増えてきているのです。これには新しい教育内容への対応という側面と同時に、知識を詰め込んで難関を突破してもその後伸び悩むという現象があるわけです。

子どもが多い時代は採点が早くできる知識詰め込み型でも、それほど問題は起きなかったのですが、子どもの数が少なくなるにつれて、入学した後授業についていけない生徒が目立ち始めたということなのです。それならば考える力を見ようということになったわけです。ところが、親の目から見ますと、学校でやっている総合学習というのはどうも遊んでいるようにしか見えない。これで考える力がつくのだろうかという不安もあるわけです。それなら、進学塾でのノウハウを生かして受験に役立つ、考える力を効率よく身につけさせようというわけです。

考える力までビジネスチャンスにしてしまおうというわけですから、塾の商魂というか、したたかさを感じます。

――でも、小川さんがお子さんに感じている中では、総合的な学習の時間はかなり有効的だと思っていらっしゃるんですよね。

小川　そうです。選択の問題だとまぐれ当たりで点数がよくなる場合もありますが、自分の頭で考えて答えていくというのは、その子の個性も伸ばすことになります。子どもたちが右へならえだと気持ち悪いですからね。そうではなくて、こういう分野は得意、こういう分野は不得手という子がいる方が、よいことだと思います。

——ただ学校や先生によって、総合学習への取り組みの差はまだかなりあるというところを、塾がうまく突いてきているわけです。

次は教育ビジネスで、学習意欲を育む取り組みをご紹介します。教育改革でも「自ら考え学ぶ力」を育てようとしていますが、進学塾でも積極的に力を伸ばそうとしています。

学習意欲の向上をめざす

小学生と中学生、合わせて4千人が通う首都圏の進学塾です。

先生「なんで英語って勉強するの？　どうして英語って勉強しなくちゃいけないの？」

女の子「将来、外国と交流があるところに就職したときとか、役に立つから」

先生「はい、どうして英語って勉強するの？」

男の子「義務教育だから」

先生「義務教育だから、なるほど」

ここでは、なぜ勉強するのか学習の意味を子どもたちに考えさせる指導会を開いています。

先生「今、世界がどんどん狭くなってきている。自分の行動範囲はどんどん広がっていく。そういうときに使う言語が英語になっていくんだよ」

この塾では、数年前から勉強に意欲をみせ

ない子どもたちが目立ってきたといいます。大企業の倒産やリストラが続く日本。子どもたちは学習の目標を持ちにくくなっています。そこで塾では、4年前から英語、漢字、数学の検定試験を受けさせることにしました。

「4年前には学習に対してつまずきのある子がいました。そういった子たちにいかにして学習に対して積極的に取り組んでもらえるかということで、検定を取り入れたのです。ただ、今では学習に対して積極的な子、つまずかない子ですら非常にやる気を失っていまして、こうした子たちにもこの検定というのが非常に効果的ではないかと考えています」

(進学塾取締役　山本裕樹さん)

中学1年生のクラスでは、1月に行われる英検4級をめざして勉強中です。英語の検定試験は5級から1級まであり、4級は中学2年程度の学力に応じています。英語検定は、資格として社会に広く認められているので、子どもたちのやる気につながります。

指導会で熱心に話を聞く子どもたち

壁には検定試験の合格者の名前が張り出されています。こうして目に見える目標を作り、学習意欲を高めようとしています。

「目標が非常に明確になって、その目標を自らの力で、勝ち得ていくわけです。これが子どもたちにとって極めて重大な成功体験になっているということです。ひとたび成功体験を味わった子どもたちは、また次々と勉強に対して積極的になっていくのです」（山本裕樹さん）

中学1年の小川彩可さんは、この塾で漢字と英語の検定に向けた勉強をしています。今年漢字検定の準2級に合格しました。高校2年レベルの力がついたことになります。

「やっぱり1回受かるともう1回受かりたいという気持ちがあって、どんどんやっていくうちにこんな級までできてしまいました。漢字検定を受けるようになってから、国語が好きになりました」（小川彩可さん）

小川さんは漢字と英語の検定試験に次々と合格することで、学校の勉強にもやる気が出てきたと言います。2学期、小川さんは中学校の英語のテストで１００点をとりました。努力している子どものテストは塾の廊下に張り出されます。こうして励ますとともに、ほかの子どもたちの学習意欲を引き出そうとしています。

「今後塾が生き延びていけるかどうかというのは、子どもたちの学習意欲をどう刺激できるのかというところに尽きるのではないかと考えています。そうした意味から、子どもたちがより積極的に学習に取り組めるように、そして、その学習自体が本来非常に楽しいものなんだよということを、いかにプログラミングしてあげられるかということだと思います」（山本裕樹さん）

●お問い合わせは興学社学園（TEL044-959-4001）へ

■塾での学習意欲の向上

努力した子どものテスト結果を貼り出すというのがありましたが、ほかにも塾で子どものことを褒めて、よいところをカードにして貼り出したり、あるいは親への連絡ノートに記入したり、テストの点数とは別に努力を評価する努力点をつけて、やる気を引き出そうという試みがされています。いろいろとやっているようです。いかがですか小川さん。

小川　検定を受けて受かったことによって本人も自信がつくし、自分の財産にもなるし、それはすごくよい取り組みだと思います。ただ、テストのできた子どもの結果を壁に貼り出したりする場合、貼られない子どもがそれをすごく悔しいと思って次にがんばろうと乗り越える力があればいいですが、それができない子どもがどういう気持ちでいるのかと考えると、心配な気もします。

――意欲を引き出す側面と、意欲を失わせてしまう側面もあるのではないかということですね。なるほど、単純に貼り出せばみんながやる気を出すということではないですね。

小川　それから、学習に対して意欲を持てない原因は、子どもたちに将来の目的がないことにあるような気がします。今、子どもたちもリストラや倒産などの情報を得ているわけで、よい大学を出てよい会社に入ってもこんなになっちゃうのとなんとなく感じているのでしょう。

――そこがいちばんの問題ですね。早川さん、単純に考えると意欲があるから塾に行くのだと思いますが、今や塾で意欲そのものを引き出さなければならないということです。

早川　そうです。昔のイメージですと、学習塾は勉強するところでした。ところが、今はその常識が通用しなくなったと言われています。以前なら塾にくる子は勉強しにきていたのですが、今では塾にきてまでなんで勉強しなくちゃいけないのと口にする子もいると塾の関係者からよく聞きます。これはとりあえず塾にということで、塾に通わせることで、親の側が安心しきってしまう、そうした親が増えてきているということも背景にあるのではないでしょうか。

ＮＨＫの中高生を対象にした調査があります。学校以外で1日にどれくらい勉強するのかということを尋ねました。中学生の平均、２００２年は73分ということで、20年前の１１３分と比べますとほぼ３分の２に落ち込んでいます。高校生も同じような傾向です。これは塾での勉強時間も含んだ数字ですから、家庭での学習時間というのはもっと少ない、ほとんどないに等しいということです。中高生の学習離れという傾向が数字になって現れているわけです。学習塾ですら子どもたちに学習意欲を持たせることが課題になっていることを示しているという気がします。

ただその一方で、さきほど小川さんもおっしゃっていましたが、将来の進路に目標を持てた子どもたちというのは、学習意欲が高くて、学力の向上につながっているという調査結果もあります。紹介のあった塾の取り組みは、まさに目標を持つことを意識した取り組みでしょう。将来の目標というところまではいかないまでも、直近ではなく少し離れたところに目標を設定して、学習意欲の向上につなげようという例でしょう。

目の前のテストですと、どうせやったってこれくらいだとあきらめてしまうようなところがあると思います。でも、たとえばこの資格をとっておいたら、将来役に立つかもしれない、そしてもっとがんばれば上の級に進めるかもしれないということが、やる気の後押しをしてくれているのではないでしょうか。その意味では、塾の工夫の仕方というのは、学校でも参考になるかもしれません。しかしその場合でも、身につけた知識を将来に向けてどう生かしていけるのかということが課題ではないかと思います。これで終わりではなくて、次のステップがまだあるんだよと考えた方がいいのではないかと私は思います。

――小川さん、いかがでしたか？

小川　親の方には、塾に行かせていれば安心という気持ちがやはりどこかにあります。そうではなくて、塾に行っているけれども、自分でもきちんと目的意識を持って行きなさいという親の配慮も大切だと思いました。

――塾まかせにしないで、親も学校も一体となってということですね。

（２００２年12月26日放送）

先生は…①

めざせ！授業のスキルアップ

この夏、全国各地でさまざまな教師の研修が行われました。動き出した教育改革に対応するためです。

数学者の秋山仁さんは、研修に参加した教師を自ら熱心に指導しました。授業を魅力的にするにはどうしたらよいか、徹底的に鍛えます。

授業の技術の向上、すなわちスキルアップをめざす、教師たちの熱い夏を追います。

Guest commentator

マルシア
ブラジルサンパウロ出身。17歳までブラジルで育つ。その後来日して歌手・タレントとして活躍中。ブラジルの大学では建築を専攻し、建築家を志していた。現在、5歳の女児の母。

―― 大きく動き出した教育改革を受けて、今年の夏、さまざまな教師の研修が行われました。研修を通して、どのような授業のスキルアップ、つまり技術向上の取り組みが行われたのか、歌手のマルシアさんと一緒に見ていきます。

マルシアさんは5歳のお子さんのお母さんでもいらっしゃいますが、教師の研修について、どのようなお考えをお持ちでしょう。

マルシア　子どもたちの学習意欲の低下が言われていますが、なぜだろうと考えたときに、もしかして先生かなと思いました。時代が変わってきているから、その分ついてこられない先生方もいらっしゃるかもしれない。では、先生の先生というのは日本にいないのかしらと思いました。

――その答えが今日は一部見られるかもしれませんが、特にこの夏はいつもにもまして、教師の研修が多かったのです。

マルシア なぜですか?

――教育改革が本格的に始まって、総合的な学習の時間が新設されたりして、新しい授業のスキル、技術が必要になってきたということと、さらに夏休みが先生にとっては休みではなくなったからです。

マルシア 今年から?

――はい。これまでは、自宅での研修というのが認められていましたが、それが認められなくなってしまったのです。

マルシア なるほど。

――さあ、それではこの夏、どのような研修が行われたのか、その一部を紹介しましょう。

様々な夏の教員研修

東京・池袋のホテルで接客の研修を受けているのは、都内の公立小学校の教師・高倉厚子さんです。サービスの基本を3日間にわたって教わりました。

「自分自身の視野を広げたり、いろいろな社会の動きに目を向けたりできたという点では、大変よいきっかけを与えていただいたと思います」(高倉厚子さん)

東京都の教職員研修センターでは、この夏休み中の研修希望者が定員の4倍以上に上り

ホテルでの接客の研修

ました。「基礎基本の充実」「コンピューターの活用」「体験的な学習」「子どもへのかかわり方」の4つのテーマを、およそ2千人が学びました。

全国的に注目されたのは、小、中学校で始まった「総合的な学習の時間」についての研修です。秋田市で開かれた、NHKと秋田県放送教育研究協議会が主催する「教え方教室」には、94人が参加しました。

講師は、小学5年生を担任する菅原弘一さん。NHKのテレビ番組「おこめ」とインターネットを組み合わせたデジタル教材を積極的に活用しています。まず、その授業の様子が紹介されました。菅原さんが教える仙台市立南小泉小学校は、米どころ宮城県にあります。しかし、子どもたちはお米のことについてあまり知りません。そこで、番組を見せて、お米に対する興味を持たせました。

その後、「減反」をテーマに、番組のホームページやクリップと呼ばれる短いビデオを使って子どもたちは自主的な学習に取り組みました。

米作りも経験しました。その結果、減反に対して討論をするまでになりました。

女子生徒「私は賛成です。その理由は米以外にも麦や大豆という作物を作ったほうがいいと思うからです」

菅原さん「反対派の方で何か言いたいことはありませんか？」
男子生徒「外国にばっかり頼っていると、外国との戦争があったときに自分たちの食料がなくなってしまう」

次に菅原さんは、デジタル教材を使った授業の年間計画や評価の方法について紹介しました。すべての教室にコンピューターが配備されるのを前に、参加者は研修に熱心に取り組みました。

■教員研修の内容と背景

先生たちがいろいろな研修に取り組んでいますが、いかがでしたか、マルシアさん。

マルシア　大人って大変ね。どうしてまだ勉強しなければいけないのって思います。でも今回経験したことを2学期以降にうまく生かしてほしいです。

ここからは早川信夫解説委員にも加わっていただきます。研修を通して先生方はどういうスキルを身につけようとしているのでしょうか。

早川　それはさまざまです。一口に研修と言いますが、民間ですとか、先生たちのグループの自主的な研修から、公的機関が行っている研修までいろいろあります。紹介にあった東京都の教職員研修センターは、今年初めて夏季集中講座を行いました。そのテーマは、こちらに示した4つなんです。

このうちIT化というのは、パソコンやインターネットの活用術、「子どもへのかかわり方」というのは、子どもの心の問題を考えるということなのです。中でも特徴的なのは「新しい教育活動」。これは総合学習や体験活動への取り組み

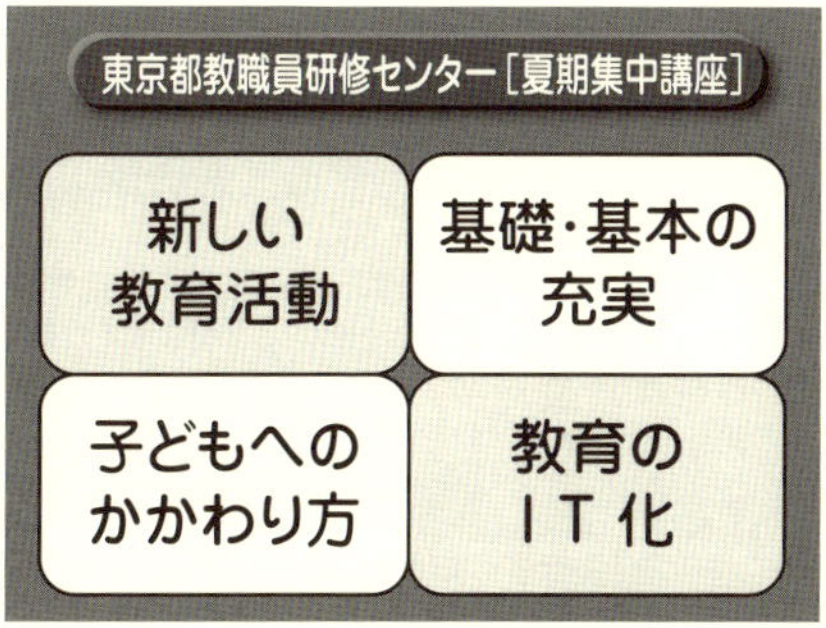

方です。４月からスタートした新しい教育内容に対応したものです。それから「基礎・基本の充実」というのは学力低下の不安が広がる中で、急きょ組まれたものだそうです。いずれも最近の教育改革の動向を反映したものということが言えます。去年までは、定員がやっと埋まるかどうかという感じだったそうですが、今年は定員の４倍を上回る応募があったそうです。先生の関心の度合いがわかります。

――そうですね。

早川　研修で先生たちは新しい知識を仕入れようということもありますが、それ以上に自分自身の力を高めよう、スキルアップしようというねらいが大きいようです。最近は子どもたちの学習意欲の低下が言われていますので、子どもたちが食いついてくるような授業の魅力度アップのための研修ということがさかんになってきています。

マルシア　魅力的といっても、子どもたちが感じるのではなくて、まず先生が楽しいか楽しくないか、表現するのはそれを感じてからですよね。だから先生に、今楽しんでいますかって聞きたいですね。

――確かに。そういう先生のほうが魅力的な授業に自然と結びついていきます。では生徒の学習意欲を引き出すために「授業改革」に取り組む研修をご紹介しましょう。

秋山仁の5泊6日スキルアップ研修

７月下旬、山中湖のほとりにある東海大学のセミナーハウスで、高校の数学教師のための研修が泊り込みで行われました。全国から集まった13人の教師が５泊６日で魅力ある授業作りをめざします。

研修の講師は、数学者の秋山仁さんです。

秋山さんは東海大学教育開発研究所の教授を務めています。

秋山さん「生徒が授業に出て、よかったと満足し、次の授業では何をするのかと楽しみにする。言うのは簡単ですが、こういう授業を毎回実現していくのは、非常に大変です。表現・伝達技能をもっと磨く必要がある」

参加した教師たちは自分の授業の問題点をどうとらえているのか、お互いに話し合いました。

参加教師1「ある程度勢いという部分をクワーっと出してやったときに、丁寧さに欠けるところがあるんですよ。勢いでバーッといって、生徒にいいか？　いいなって振っちゃって丁寧さに欠けちゃって本当はわかっていない子がいるのかもしれないというときに、ながしちゃっているのかなというのが私の最大の欠点かなと思っております」

参加教師2「自分自身、山をどこにもっていくのか、さっぱりわからず、自分が何を言っているのかなと、しゃべりながら、頭の中で思っているような状態で、本腰入れて勉強しないといけないと感じております」

参加教師3「生徒が僕に持っているイメージがあるので、どれだけ変われるのか、極端に垣内が変わってしまっていいのかという気もしますし、変わってみたいなという気もあるのですが、なかなかそのへんの勇気が湧いてきません」

それぞれの授業の問題点を探るために、参加者全員を前にした模擬授業を行いました。40分の持ち時間で、準備してきた授業を披露します。その後一つ一つの授業にたいして、意見を出し合いました。

参加教師4「本当にお母さんのように、聞いていてふわっと授業に入れる感じで、まさに人間性なんでしょうかね」

参加教師5「非常に、安心。ゆっくりというかちゃんと伝えようということは伝えようと、こちらは安心して聞けるんですよね」

参加者の間で好評だった授業にも、講師の秋山さんは厳しい注文をつけました。

秋山さん　「我々は、何の説明をしようとしているのかをわかったうえで聞いているが、何も知らない生徒にとってわかりやすくすて、興味を抱かされる説明といえるだろうか？」

秋山さんの授業改革のポイントは、まず生徒の関心を引き出すことです。

秋山さんは手本として、タイで開かれた数学の学会で行ったパフォーマンスを披露しました。緑色のタイツ姿でアジア各国から集まった千人を超す聴衆を前に登場した秋山さんは、色を変えるカメレオンのたとえから、人々を幾何学の話題へ引き入れたのです。

秋山さんが教師たちに求めたのは、生徒をひきつける思い切った表現でした。

「これまで、子どもたちに数学が好きになってもらいたい、数学者たちにもっと他の分野のおもしろさをわかってほしいと思って、羞恥心を捨て、恥を晒してでも、まず、自分が話そうとしている話題に関心を持ってもらう努力をしてきました。聴衆の関心を引きつけたうえで、さらにその後の内容で引き込む。これが重要なんです。いくら有難い話をしても、受け持つ生徒の頭や心に溶け込む形で届けなければ

カメレオン姿の秋山さん

ば、本に書いてあることをわざわざ授業で行う意味がない。何でも奇抜なことをすればいいのではなく、その日のテーマに関連した事柄の中で何を冒頭に持ってくれば、本質を深く理解する上で効果的なのかを練ること。だから、導入部分にもっと力を注ごう」(秋山さん)

秋山さんは全国各地の高校をめぐり、ときに自ら授業をしています。先生の奮起を促すのがねらいです。

秋山さん「おはようございます」

この日、教えたのは、数学で大切な「場合分け」の考え方です。秋山さん「今日はかなり盛りだくさん。いろんなものを持ってきた。そして、みんなに〝分類、整理する〟という考え方の重要性と、すばらしさを堪能していただきたい」

秋山さん「それでは、まず最初、今日は7月5日か、じゃ、5動いてもらおう」

秋山さんは授業の途中で突然、後ろの壁に向かいました。黒板に背を向けて指示を出します。これから生徒一人ひとり全員とあるゲームをしようというのです。升目で区切られた9つの部屋があり、真ん中は談話室です。生徒は、角の4つの部屋のうち、一つを選んでスタートします。

秋山さんの指示をうけて、まず各人が好き

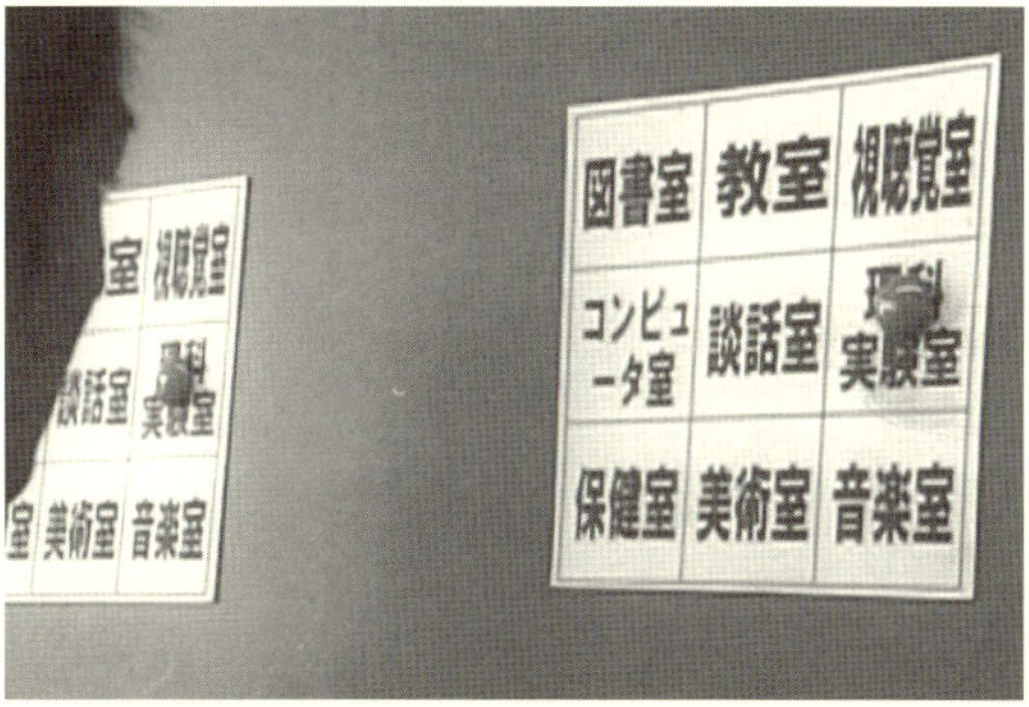

升目で区切られた九つの部屋

なように5つ進みます。次に、秋山さんは〝角の4部屋にはだれもいないですね〟と言った後、これらの部屋を立ち入り禁止にします。そのうえで、7つ動くように指示すると、みなばらばらに動いていた生徒全員が中央の談話室に集まりました。

秋山さん「みんな真ん中の談話室にいるはずだ。44人それぞれが独自の動きしたのに、どうして、みんな談話室に入っちゃったんだろう？　どうして、なぜだろう、不思議だなあ？　その謎について自分で考えてみることがとても大切。はい、自分の考えを言ってごらん」

女子生徒「えっと、たぶん、進む数が奇数しかなかったから」

秋山さん「おっ、かなりするどい。奇数歩移動したことがなんか重要なポイントじゃないかと。じゃあ、その直観をもう一歩突っ込んで分析してみよう」

と言って〝偶奇性〟という数学の大切なテーマへ生徒たちを誘うのでした。

授業改革のポイント、2番目は数学の根本を教えることです。

秋山さんは研修の参加者全員に一つの課題を出しました。「目的は、わかりやすい説明とはどういうことなのかを、教え手に十分わかってもらうこと」（秋山さん）

分数の足し算で、分母をそろえる、いわゆる〝通分〟をなぜしなければならないのか説明せよという課題です。制限時間は3分。分数の通分の本質を押さえれば、わかりやすい説明につながると秋山さんは考えています。

教師たちは、突然出されたこの課題に戸惑いながらも、さまざまな比喩を使い、工夫した説明を繰り広げました。

神奈川県から参加している丹沢孝夫さん。数学を教えて25年のベテランです。（2分の1）＋（3分の1）を例題として、長方形の図を使って説明しました。

丹沢さん「くっつければ、ある程度わかりますけど、見た目ではわかりません。そこで同じサイズに分割して考えていきます。3分の1の長方形からは、1に相当する紙を6等分したうちの二つの縦長な長方形ができるということでこれは6分の2と書けます…」

全員の説明をビデオで撮影した後、あらためて見て、参加者全員が意見を交換しました。丹沢さんの教え方には厳しい指摘が相次ぎました。

秋山さん「紙を使って目に見える形で丁寧に説明しようという姿勢に多くの人が好感を持つでしょう。しかし、教えるとき、とても大切なポイントが一つ欠けています。他の方からも意見がでましたが、（2分の1）と（3分の1）のときに、図示をして、紙を2等分3等分して、加えようということなんですが、6等分するということが唐突に出てきました。実はそこが生徒がいちばん知りたいところです。どうして7等分じゃいけないの？どうして5等分じゃいけないの？それから、だれかが言った12等分ならいいことはいいけども…。というあたりの本質が抜けている」

分数の根本を伝えていると評価された他の教師による説明が、再度、実演されました。（2分の1）＋（3分の1）を例題としました。

参加教師「3分の2は3分の1が2個分。5分の2というのは5分の1が2個分。では、これを足せば、何が何個分くらいになるのか」

“基準”となる（3分の1）と（5分の1）が違っていると単位が違うようなもので、そのままでは足せません。“通分とは単位をそろえるようなもの”だと彼は説明しました。通分の意味を強調した教え方です。

秋山さん「通分の本質は単位をそろえることです。結果的には皆、単位をそろえているのですが、そこを強調しているかどうかということが、わかりやすさの差になっているような気がします。分母の異なる分数を足す時は通分するということは当たり前のように知っていても、なぜ最小公倍数で分母を合わせるのか、その意味についてまで掘り下げて考えたことがあった人は少なかったのではないでしょうか？皆さんに認識していただきたいことは、一見やさしそうだけれども、本当は説明が難しい事柄が、小学校の算数から始まって、中学、高校、ずーっと連続しているということです。先生方自身が、なぜなのか、他の方法はないのか、この問題にはどんな意図があるのかと、教科書等の扱う題材について考えて、教え方を工夫しておく必要があります」

夜、秋山さんは、通分の授業で批判を受けた丹沢さんの部屋を訪ねました。丹沢さんは翌日、模擬授業を担当する事になっています。テーマは二次方程式の解き方です。

秋山さん「こうやって解の公式にあてはめれば二次方程式が解けるなんていう機械的な操作を教えるだけなら計算機で計算させるのとほとんど変わらない。それよりもなぜそうなったかという思考のプロセスに重点を置くこと。最初にこの公式を発見した人はどう考えたかという工夫やアイディアの特筆すべき点を伝えて、そのアイディアを心に刻み込み、応用が効くようにすることこそ生活に残るものは大きい」

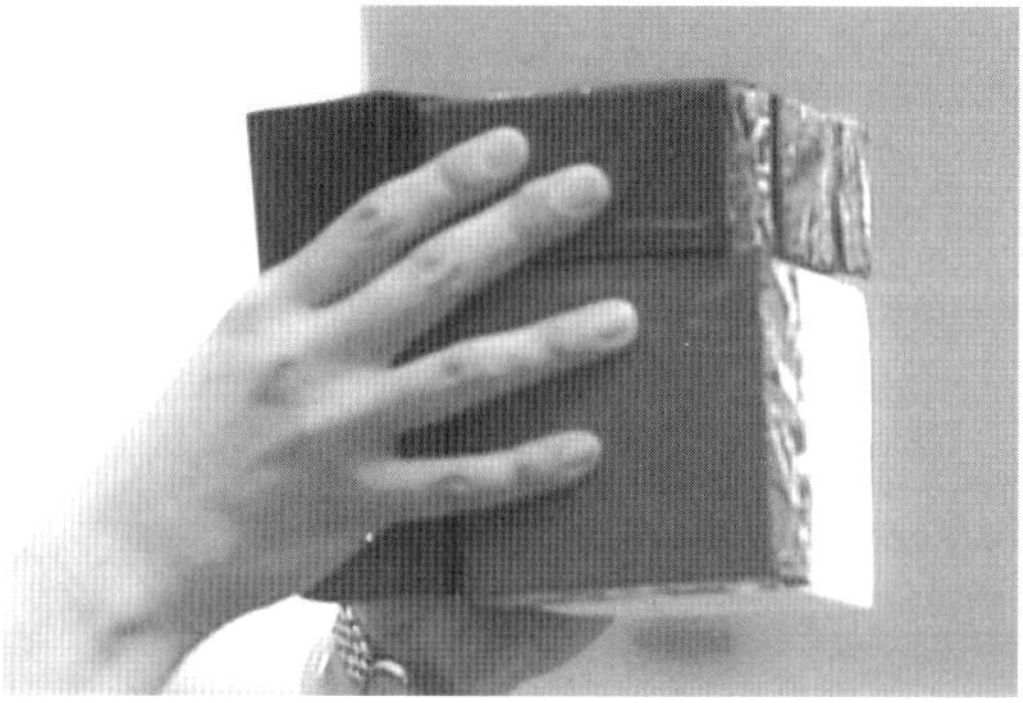

丹沢さんの教材

丹沢さんは秋山さんのアドバイスを受けて、夜遅くまで授業プランを練り直しました。
丹沢さんの模擬授業です。
丹沢さん「モグラたたきというゲーム。皆さんご存知ですよね。十数個のモグラが出たり入ったりして、どれが出てくるか不規則な動き。もしあれが、規則正しく、モグラが１匹だったりすると、比較的たたきやすいんじゃないかなと思います」
丹沢さんは、まず初めに、変化するものが少ない方が扱いやすいことをゲームを例に説明しました。この後も、丹沢さんはさまざまな教材を使って、わかりやすい授業を進めました。しかし、盛りだくさんの内容で時間切れになってしまいました。
丹沢さん「すみません。途中で終わっちゃいました」
秋山さん「"平方完成の心"を伝えようという点は良かったが、もっと考えを整理すること。米国の名優が、いい俳優とは脚本を見て何十通りもの演技パターンが思い描けて、そこから最適な数通りに絞り込んで実演できる人だと言っていたが、広く深く考えた次は、的確に形に絞り込むこと。さらに、がんばってください」
丹沢さん「時間内に完結できるように、三つのことを一つでいえるようなもっていきかたを考えてみようかなと思います」
５泊６日の研修を通して、参加した教師たちは戸惑いながらも授業改革に動き出しました。めざすのは、秋山さんが指摘する、生徒の関心を引き出し、自発的に思考し、数学の本質を伝える豊かな授業です。
参加教師6 まだまだ、勉強することがたくさんあるという感じですね、気づかなかったことが多かったと思うんです。研修で他の先生方が工夫していることを見て、いろんなことがまだあるんだな。やっていないことがたくさんあるんだなと感じました。

参加教師7　とても勉強になりました。先生方がおっしゃられたように、今までの自分を変えていかなきゃと思っているので、新たにがんばろうという気持ちでいます。

■スキルアップの必要性と今後

――この研修はこの合宿の後、来年3月まで行われる予定です。マルシアさん、研修のようすはいかがですか？

マルシア　おもしろかったです。秋山さんは個性があって魅力的な方でついつい見てしまいます。それから、私の仕事とどこか共通点があると思いました。たとえば、舞台でたくさんのお客様に、どうやって私のことを好きになってもらおうかと考えます。しゃべり方とか言葉の選び方が重要になってきます。どうやって表現しようかと考えます。ということは先生と私の仕事は一緒ではないでしょうか。事前にいろいろと研究しながら舞台に立つ、プロという意味では先生も一緒です。

――反応がじかにわかりますしね。

マルシア　じかにわかります。

――あれもやりたいこれもやりたいということを、いかに整理して端的な言葉で引き寄せていくかということが大事ですね。

マルシア　そのとおりです。整理して出ること。

――早川さんいかがですか。

早川　今見た研修は、まさに求められている研修だと思います。今の教育改革では「生きる力」というのが強調されています。世の中で生きていくためには、自分で考えて自分の力で課題を解決していく力が必要なんだということです。これまで高校の教育というと、大学受験もあって知識を詰め込む、覚え込むことに力が注がれてきましたが、これからは自分であれこれ考えながら問題を解いていく。そのために、先生はただ教え込めばよいというのではなくて、子どもたちが考えるようにどうやってうまく仕向けるかということが問われているような気がします。研修で秋山さんが自分にひきつけて、数学の根本に迫れと強調していたのは、それが生徒たちのやる気や考える力につながっていくからだということだろうと思います。

――こうした授業の質を高めようという研修はこれから増えてくるのでしょうか?

早川　もちろん増えてくると思います。というのは、紹介にあったのは高校ですが、公立の小、中学校でも学校を評価しようとか、あるいは一部の地域では学校を選択できるような制度というのができてきています。

親はわが子が通う学校は一体どうなっているんだろうかと考えるようになっています。日本PTAが今の学習指導要領について保護者にアンケート調査したのですが、57パーセントが学校によって教育に格差が出るのではないかと心配しています。そう考えると、やはり先生の問題に行き着くということです。だから先生たちは大変だろうけれども、研修を受けてでも変わってほしいというのが、親たちの願いです。

――先生にどう変わってほしいというのはありますか、マルシアさん。

マルシア　私の経験からの話ですが、大好きだった先生たちに共通するところがあります。それは、子どもの目線におりてきてくれる先生でした。今思い出すとその先生たちの授業は、すごく楽しかったという印象があります。

――先生の方から子どもたちの目線にうまくおりてきてくれるような形で気持ちをつかんでいく。

マルシア　子どもから先生の方へいくのは難しいですから。

――そういう先生が増えていくといいですね。

（2002年9月5日放送）

先生は…②

感動する”教科書“を

〜理科教師たちの挑戦〜

4月、小、中学校の教科書が大きく変わりました。新しい学習指導要領にしたがって、内容を3割減らしたのです。数学の公式や理科の用語がいくつも姿を消しました。

「新しい教科書では、理科のおもしろさを伝えられない」と立ち上がったのが、全国各地の理科教師です。力を合わせて理科の副教材、いわば”手作りの教科書“を作ろうと、手分けして原稿を書き、会議を開いて検討を重ねています。

理科を学ぶ楽しさや、感動を伝える”教科書“を作りたい。理科教師たちの挑戦を追いました。

Guest commentator

清水國明
タレント。自然暮らしの会代表。司会やコメンテーターなど幅広く活躍中。家族とともに楽しむアウトドアライフはライフワークでもある。

Guest commentator

中村桂子
JT生命誌研究館館長。著書に『生きもの感覚で生きる』『科学技術時代の子どもたち』『生命誌の窓から』など。

——現在、中学校で使っている理科の教科書は、私たちのころと比べますと非常に大判になりましたし、写真が使ってあってカラフルです。内容も非常に読みやすくなっています。

今回一緒に考えてくださるゲストは清水國明さんです。清水さんは3人のお嬢さんのお父さんで、アウトドアの達人でもいらっしゃいます。

清水　自分で達人と言っています。子どもは、高3、高1、小学校1年生で全部女の子です。

――　そのお嬢さんたちには、いろいろなアウトドアでの体験を通して、自然の中で手で触れながら学んでいってもらいたいとお考えなのですね。

清水　僕は体験派ですから、とりあえず触れと言っています。

――　その清水さんから見て、この教科書はいかがですか？

清水　確かに僕らのときよりもカラフルで上等そうです。これなら面白いのではないですか。

――　でもこの4月からは、教科書の内容は3割減っているのです。ゆとり教育の流れの一環です。

清水　どんなことが減らされているのですか。

――　たとえば、生物の進化・遺伝、花の咲かない植物、交流と直流などです。減らされた内容は、だいたい高校に行ってから習いますが、高校の理科というのは選択なのです。

清水　そうですよね。

――　選択しなかった生徒は、削除された遺伝や進化などは全然勉強しないまま終わってしまいます。

清水　遺伝とか進化、花の咲かない植物、僕ら今でも興味あるテーマです。これらのテーマは、子どもたちが最初にきっかけを持つ重要なことのように思います。

中学校・理科の主な削減内容

◎生物の進化・遺伝

◎花の咲かない植物

◎交流と直流

――そこで、重要なことが落ちているのではないか、あるいは重要なことがうまく伝わっていないのではないかという危機感を持った全国の先生たちが、実際に教科書を読んで興味がわくような、理科の面白さが伝わるような教科書を作りたいという考えから、副教材、いわば〝手作りの教科書〟を作ろうという動きがあります。

読んでおもしろい〝教科書〟を作る！

千葉県成田市にある豊住中学校に、〝教科書〟作りに参加している教師がいます。

33年間理科を教えてきた吉岡秀樹さんです。理科のおもしろさを子どもたちに伝えるには、今とは全く違う教科書が必要だと考えています。

吉岡さんは5月から家で原稿を書き始めました。担当は「植物」の章です。そのおどろくほど多様な世界を知ってほしいと考えています。

そのために、今の教科書では扱わないコケについても、次のように盛り込みました。

「近くの林に入ってみましょう。よく調べてみると落ち葉の積もらない倒木の上や太い木の根元にはコケが生えていました」

「新しい指導要領で『種子を作らない植物』が消えることになったのです。シダ、コケ、あるいは海藻の仲間だとかが全く教科書から消えてしまうわけです。そうすると、子どもたちは植物というと花を咲かせる植物、種を作る植物しか知らないということになってしまうわけです。義務教育が終わるまでそれですからね。ほんとうの植物を学ぼうとしたら、それはまずいことです」（吉岡さん）

吉岡さんが"教科書"作りに参加したのは、1通の電子メールがきっかけでした。中学校の理科の"教科書"を、一緒に作ってみないかと呼びかけられたのです。

メールを出したのは、京都工芸繊維大学教授の左巻健男さんです。中学で長年、理科教師を務めた経験があり、この10年間、理科の教科書の執筆を続けてきました。

教科書は学習指導要領に基づいて検定を受けることになっています。そのため、書いた内容がときには削られてしまいます。

たとえば、検定を受ける前の原稿では、物体に働く力が地球上と宇宙空間とでは違うことを取り上げています。しかし検定ではそこまで扱う必要はないとされました。

重力と質量

重力は，地球上だけでなく，他の天体上でもはたらきますが，その大きさは，天体によって異なります。例えば，月面上で物体にはたらく重力の大きさは，地球上の重力の大きさの約$\frac{1}{6}$倍になります。このため，地球上でニュートンばかりを用いて，約6Nの大きさの重力がはたらくおもりを，月面上で同じようにはかると，約1Nを示します。重力がまったくはたらかない宇宙空間があったとしたら，0Nを示します。

このとき，おもりにはたらく重力の大きさは天体によって変わりますが，おもり自体の量が変わるわけではありません。場所によって変化しない物体そのものの量を，**質量**といいます。質量の単位にはkg，gなどが用いられ，上皿てんびんなどを使って，基準となる分銅と比較しながら調べることができます。

物体にはたらくいろいろな力

地球上では，すべての物体に重力がはたらいています。ですから，地球上の物体には必ず，1つの力がはたらいていることになります。しかし，物体にはたらく力は，重力だけとは限りません。

例えば，人が物体を持っているとき，物体には重力がはたらいていますが，人が物体を支えている力もはたらいています。

また，右の写真のように，空中に浮いている磁石にも，重力がはたらいています。このとき，上の磁石を空中で支えている力は，磁石どうしがしりぞけ合う力です。いちばん上の磁石を下におして手をはなすと，磁石がとび上がることからも，しりぞけ合う力がはたらいていることがわかります。

このように，物体には2つの力がはたらく

検定前（上）と検定後（下）

内容を簡単にしすぎると、理科の本質が伝わらなくなると左巻さんは考えています。

「20年くらい続いてきたゆとり教育は、やさしくすれば子どもがくいついてくる、もっと勉強がおもしろくなるとして、どんどん内容を減らしてきました。だけど実際に起こったのは、勉強がおもしろくなったのではなくて、つまらなくなったのです。つまらなくなってどういうことになるかというと、もっと調べようということがなくなって、暗記してしまえばいいや、これも暗記、あれも暗記という暗記の勉強になってしまったのです。勉強して、ほんとうはそうだったのかという、驚きとか感動があって、目からウロコが落ちるというじゃないですか、そういうかたちになるように、内容を組み立て直さないとだめなのではないかと思います」（左巻さん）

検定を通らなくてもいいから、理科の感動を伝える教科書を作りたい。理科教師など200人が集まり、分野毎に原稿を書き、メールで意見を交換しながら作業を進めました。

7月半ば、原稿を持ちよって、編集会議が開かれました。全国から各分野の執筆責任者37人が集まりました。お互い顔を合わせるのは今回が初めてです。

会議の目的は、それぞれの原稿を全体で照らし合わせ、検討することです。「水溶液」「物質と原子」など七つの分野の原稿が発表されます。

吉岡さんが担当した、植物分野の原稿の検討が始まりました。全部で9人いる執筆者の代表・青野裕幸さんが、内容を説明しました。

説明を終えたとたん、出席者から厳しい指摘が飛び出しました。

意見1 「さきほど解剖という言葉を使っていましたが、解剖主義的な記述が目立ちます」

意見2 「名前の羅列が多いのは、理科が嫌いになっていくきっかけですよね」

原稿には、たくさんの専門用語があり、植物の名前が130種類もありました。知識を必要以上に詰め込んでいるというのです。

さらに、別の批判が出されました。取り上げる項目の並べ方がよくない、とりわけ「光合成」についてはもっと早く扱うべきだ、という指摘です。
意見3　「重要なものほど先にやったほうがいいという考えです」
吉岡さん「ここで光合成を取り上げると難しくなります」
意見3　「仕組みは後でいいけど、光合成をして生きているということ、動物が口でいろいろなものを食べて栄養分をとっているのと同じように、葉っぱも生きているんだというレベルでいいのです。そのレベルは、最初のうちに書いたほうがいいのではないでしょうか」
吉岡さん「光合成を軸にした場合には、葉緑体に目をつけさせなければいけません。それから陸上植物という場合には、表皮の部分はどうしても落とせないのです」
意見3　「葉っぱにいろいろな名前、そんなことを覚えなくて葉っぱの裏と表はどうやって区別できますか。気孔というのを勉強したら、気孔は葉っぱの表と裏どちらにあるのでしょう、それはどうしてでしょう、と考えます。光合成ですね。葉っぱの表で光を受けているのだから、そんなところに穴をいっぱいあけて気体の出し入れなんてしないわけです。表にはいっぱい葉緑体を配置して光合成ができるようにし、裏側に気孔があって気体の出し入れをしているわけです。たとえばの話ですが。それが今までは分解して名前をつけるのが学習のメインになってしまっていたわけです。でもそれは結局暗記なのです。それをもっといろいろなことと関連づけて、生物だったら生活を見られるような学習を中学校ではするべきだと思います」
原稿を手分けして書いたため、前後のつながりが弱く、植物の説明を並べただけという印象を持たれてしまいました。子どもに興味を持って読んでもらうための工夫がもっと必要だという結論でした。吉岡さん「教えたいことは一杯あるわけです。その道の専門家が書こうとすると自分の興味を持っている部分というのは愛着があったりしますから、これも教えたい、あれも教えたいと思ってしまいます。みなさんからこれは

意味がないとか、もっと削るべきだとか、あるいはわからない、というコメントをたくさんいただく必要があります。その上で全体を通して、流れをひとつのまとまりとして作っていく必要があるのではないでしょうか」

■「おもしろい教科書」とはどんなもの?

清水　厳しいですね。僕なんかみんなからあんなふうに言われたら、もう投げ出すかもしれません。子どもたちに興味を持って好きになってもらおうといろいろやっているのに、それが原因で嫌いになりますよと言われたら辛いです。

――でも吉岡さんは、そういう意見を言ってもらったほうがよいという話でした。

さて、もうひとかた、ゲストをご紹介しましょう。大阪にありますＪＴ生命誌研究館の館長で、生物の研究者である中村桂子さんです。中村さんは子どもたちに科学の楽しさを知ってもらおうと活動もされていますし、来年から使われる高校の生物の教科書の監修もされました。

中村さんにお聞きしますが、先生たちの〝もう一つの教科書〟作りの動きをどうご覧になりましたか。

中村　先生方を見ていると、生きているってどういうことかを教えたいという気持ちがあるのがよくわかります。ただ最初にあったように、教科書の内容が３割削減されました。遺伝や進化を削ったという話があり

ましたが、遺伝、子どもに性質を伝えるとか進化をしていくということは、機械には決してできないことでしょう。生き物の本質なんです。そこを削られてしまったので、先生たちは大変だと思って、生きていることを伝えるにはどうしようと、一生懸命やっていらっしゃるので、たいへん期待しています。

——グループのみなさんが共通して言っていたのが、多様性をもっと伝えたい、しっかりと教えたいということでした。

中村　多様性、いろいろいるねというのは、生物についてまず感じることですね。清水さん、外にお出になったら、ほんとうにいろいろあるでしょう。

清水　土の中にまで細かい小さな植物がいっぱいいますし、動物もいっぱいいます。

中村　自然を見るときに、二つの見方があります。ひとつはいろいろいるというのをしっかり見ること、もうひとつはそうは言っても、たとえば生き物だったら生きているということでは同じだということ、共通性と言いますが、これを見ること。教科書はどうしても法則や共通性のほうを教えます。数字で書けたりするものを重視しがちです。先生方は、いろいろいるという多様性を加えて、両方のバランスのよいものを伝えたいという気持ちがあったのだろうと思います。

——伝えるためには流れをしっかりと作らないといけないということですね。

中村　たとえば、アゲハチョウって何に卵を産むと思いますか?

清水　チョウチョは菜の花……ちがいますか。

中村　アゲハチョウはミカンです。教科書にも書かれています。だけどアゲハチョウはミカンと覚えるだけだと、あっそうかと終わります。でもたくさんある中でどうしてミカンを選べるのかと思うと、不思議でしょう。

チョウの前脚を調べますと、先が鉤のように曲がっています。その部分でトントントンと葉っぱを叩くのです。そうすると葉っぱに傷がついてミカンならミカンの匂いが出てくるのです。その匂いを感じるのが、足の先に生えている毛です。それで、ここに卵を産んでもいいんだなということがわかります。ここに産んでおけば、自分の幼虫はちゃんと育つなと安心してここに産むのです。アゲハチョウはミカンとクイズみたいに答えるのではなくて、あーこんなことやってるんだと思うと、忘れませんでしょう。今度さらに外に行ったら、あれっと思ってチョウチョをよく見るようになるし、じゃあモンシロチョウはどこに産むかなとか、ほかのチョウはどうだろうとどんどん自分で考えることが広がりますよね。だから物語として、生きものたちを関連づけて教えるといいなと思います。

――物語で覚えていると、たとえばその葉の名前を忘れていたとしても、そこで起こっていることにすごく興味を持っていきます。

清水　チョウチョが足で葉っぱを傷つけているとわかれば、子どもたちは顔を近づけて見るようになるでしょうね。

――ただチョウチョがとまっているで終わらないで、チョウチョは卵を産むところを探しているんだということを感じることができるのです。そうなると興味がわいてきます。おもしろさが伝わってきます。

清水　ただ名前を覚えるだけではないですから、興味を持つきっかけになります。

――それがさきほどのグループのみなさんが出していた、理科のおもしろさをいかに伝えるかという、おもしろさの部分です。

中村　断片を伝えるものではないということです。

――吉岡さんたちが、その後〝手作り教科書〟にどう取り組んでいるのかご紹介しましょう。

どうすれば子どもに伝わるか

編集会議の後、「植物」の章の執筆者たちは、内容の並べ替えを始めました。わかりやすくおもしろいものにするためには、何をどの順番で教えるかが大切だとあらためて気づいたからです。

執筆者の一人、青野さんは、はじめの方に「光合成」を入れ、植物が自分で栄養を作って生きていることをしっかり教えようとメールで提案しました。

それにたいして吉岡さんは、まず子どもに自然を観察させて、興味を持てるようにしてから知識を学んだほうがいいと返事をしました。

結局、植物の章のはじめは、知識の量を減らし、観察の方法をしっかりと書くことにしました。

こうしたやりとりを繰り返し、3週間かけて全体の内容の並びが決まりました。いよいよ原稿の書き直しです。

吉岡さんは、夏休み中、クラブ活動で学校に来ていた生徒に、原稿を読んでもらうことにしました。

吉岡さん「意味のわからない文章があったら書き出して、読んだ感想も一行でも二行でも」

原稿　「春、空き地で木と草の種子がたくさん芽を出します。木も草も光を受けて光合成をします」

写真やイラストが少ない文字ばかりの原稿を、生徒はどう感じるでしょうか。

生徒　「教科書は図がいっぱい載っていておもしろい。でもこうやって読むのも頭に入るから、そうやって勉強するのもよいと思う」

生徒　「教科書だとすぐ答えがわかるから調べなくて終わってしまうけど、こっちだと、調べてみたくなるし、字が多いとどんどん先を読みたくなる」

生徒が書いた感想です。難しくて読めない文字があるという指摘もありました。しかし、みな、吉岡さんが伝えたかった「植物の多様性」には興味を持ってくれました。

生徒の感想 草の種子が生きるためにはいろいろと大変なことにも気が付きました

生徒の感想 草と木は同じように生活をしているように見えるけど、よく勉強してみると全くといっていいほどちがって、木は長い人生であるとわかりました

「文字が多くても、今まで自分の知らないことが、そこに興味深く書かれてあったり、あるいは自分でやれる実験が用意されていたりすれば、どんどん読みながら物質のこと、自然のこと、生物のことがわかってきて新しい見方ができるようになる本になるのではないかと思っています」(吉岡さん)

文章の量が多くても、内容次第で子どもたちは理科の面白さをわかってくれる。手ごたえを感じた吉岡さんは"手作り教科書"の完成をめざして、原稿の練り直しを続けます。

■「必要な学力」とはなにか

吉岡さんたちが書いた原稿は本になって、来年、出版される予定です。文章量でいえば、現在の教科書の3倍ほどの量になるという、中学1年の理科の教科書の内容です。

実際に、どういうふうにいろいろなことを説明しているのか、例をあげてみましょう。たとえば、タンポポのようなロゼット型植物について。

普通ですと、タンポポの写真があって、茎が短くて、茎の根元から放射線状に葉が伸びているロゼット型、と説明されてそれで終わってしまいます。しかし、吉岡さんたちが作った手作り教科書には、次のように書かれています。

「ロゼット型がグランド中央付近に多く見られるのはどうしてでしょうか。中央部はフェンス近くに比べてたえず人の踏み付けにさらされる場所です。踏み付けや刈り取りにであったとき、茎の極端に短いロゼット型は大きな力を発揮するのです。少々の踏み付けでは短い茎は折れません。茎さえしっかりしていれば、葉が痛んだりしても、再び新しい葉を伸ばすことができます。このように光とり競争に弱いロゼット型植物は茎の短いことを武器にして背の高い植物のくらせない環境で生活しているのです」

という説明です。

清水 「だからかあ」と納得するお父さんやお母さんも多いと思います。子どもたちも単語として名前だけ覚えるのではなくて、こういう物語で教えてもらったら、雰囲気がわかりますし、興味もわくのではないでしょうか。

―― 背の高い植物はみんな光をうまく上の方でとってしまう。そうでないところで暮らすためには、しっかりした短い茎を持つという特徴があるのです。

清水 教科書というのは、自然の中に入っていくためのパンフレットみたいな存在ではないかと思います。教科書を見て、あっ、タンポポ見に行こうかとか魚とりに行こうかとか、そういうきっかけになればいいと思っていますから、教科書の中だけで終わってしまわなくていいと思います。こういうきっかけづくりに工夫しである教科書作りはいいですね。

――きっかけのところは、やっぱりおもしろいなと思わなければいけないですからね。中村さんいかがですか。

中村　今の手作り教科書のタンポポの欄でよいところは、普通の教科書だとタンポポならタンポポだけを扱いますが、自然界を見たらいろいろなものが関係しているということを伝えています。お日様もほかの生き物たちも出てきますが、特に人間との関係は関心を呼びます。人間が踏み付けることが、植物の大事な性質とつながるのかと思うと、それは記憶というよりも納得することになります。ゆとりは大事だと思いますが、ただ量を減らせばいいというのではないのです。少なくても単純に覚えるだけでしたら負担になります。教科書をきっかけにして考えていくのであれば、量は多くても子どもたちは大丈夫なのです。

――量の問題ではないということですね。

中村　量を減らせばゆとりになるというのは間違っています。興味を呼ぶことが大事です。

――8月末に文部科学省は、授業で発展的な内容を教えるための指導方法の資料を配ると発表しましたが、いわゆる発展的学習、それは同じ考えと思っていいですよね。

中村　それを先生方が受け止めて、今のような形でご自分で考えてやっていくと発展しますね。やはり子どもたちがきちんと考えていくためには、大人が先に考えなければいけないのだと、教科書作りをされている先生方を見ながら思いました。

――清水さん、親としていかがですか。

清水　子どもたちがきっかけをつくって、もっと外に出てくれるとうれしいなと思います。暗記だけするのではない教科書になったなら、テストの採点の方法も、物語で答えても○になるようなものが出てきたらもっとよいかなと思います。

中村　そうですね。ロゼット型というところは忘れても、茎の短さを生かしている意味はわかっているとね。

清水　あとで図鑑を持っていって調べて書けばよいみたいにね。なぜそうなるのかというところが模範解答になるようなテストであればよいと思います。記憶力のいい子が頭のいい子という考え方が、教科書作りにも影響しているのではないでしょうか。

――物語で答えるテストになったら、子どもたちの授業の取り組み方も変わってきますね。

中村　楽しくなるでしょうね。

（2002年9月12日放送）

先生は…③

子どもの声が授業を変える

～広がる授業評価～

子どもが授業の内容を評価する「授業評価」を導入する学校が増えています。授業をよりわかりやすいものへと改善するために、子どもの意見を聞こうというものです。

授業をどう評価するのか、どんな成果や課題があるのか、実践例をもとに考えます。

Guest commentator

石坂啓

漫画家。名古屋出身。主な作品に「キスより簡単」「アイム・ホーム」など。エッセイに『赤ちゃんが来た』『コドモ界の人』など。

Guest commentator

矢部敏昭

鳥取大学教育地域科学部教授。学校数学における学習評価を研究テーマの一つとする。著書に『新しい学力観と問題解決』など。

■授業評価って何？

授業をよくするために、子どもたちの声を聞こうという「授業評価」を導入する学校が増えています。この取り組みは授業改善の切り札として、今、全国的に広がっています。

一緒に考えてくださるのは、漫画家の石

坂啓さんです。石坂さんは、小学校6年生のお子さんがいらっしゃいますが、我々親の世代からすると、授業を評価するというのは、なかなか考えられなかったですよね？

石坂　考えられないです。子どもが学校の先生や授業に成績をつけるような気分ですから、発想ができませんでした。ただそんな取り組みがあると面白いだろうなあと思っていましたので、具体的にはどういうふうにするか興味があります。

――授業評価は必要だと思いますか。

石坂　予備校や塾は、授業についての評価が、もともと厳しくされていますよね。学校にもいろいろな比較要素というのを取り込んだら面白いのではないでしょうか。

――先生が一人で授業をすると、独りよがりになる可能性もありますし、わからないところも置いていかれたりする可能性もあります。そこで、子どもたちに評価してもらったり、あるいはときに同僚の先生に意見を求めたりと、いろいろな試みが行われています。まず、全国に先がけて行っている高知県の例をご紹介します。6年前から公立の小中学校で「授業評価」を導入していますが、どんな方法でどんな成果があがっているのか、ある中学校を取材しました。

授業評価はこうして行われる

高知県の北部、山間にある吾北村立吾北中学校は、全校生徒83人です。

吾北中学校では、すべての教科で学期に一度、生徒による授業評価を行っています。

この日は2年生の理科で、授業の評価が行われます。年に1回は、ほかの教師からも評価を受けます。

授業を行うのは岡内一進さん。教師になって8年目、この学校では最も若手です。

この日は、水を電気分解する実験を行います。水が酸素と水素の化合物であることを実験を通して学びます。

まず、電気が通りやすくなるように、水酸化ナトリウムを水に溶かします。水酸化ナトリウムが十分に溶けたら、電気分解装置を使って、実験開始です。

電気を流すと、水は分解されて、気体が2本の試験管にたまります。岡内さんはそれぞれが酸素と水素であることを生徒に確認させたいと考えています。

岡内先生「失敗したら失敗したで何回も何回もやってみてください。とりあえず、マッチと線香おいておきますのでやってみてください」

試験管に水素がたまっていれば、マッチの火を近づけると炎があがります。

しかし、あるひとつのグループは試験管から水があふれてきてしまいました。また別のグループは、線香の火を近づけましたが、何の反応も起きませんでした。もう一度繰り返しましたが、試験管の栓をはずしたままだったので、酸素が逃げてしまい、やはり炎はあがりませんでした。
岡内先生「プラス極はどのようなことが起こりましたか？　うちの班こそはよい結果を出せたと思うところ？」
岡内さんは、実験結果を各グループに発表させようとしました。
生徒　「反応はあったけど」
岡内先生「激しく燃えたってこと？」
生徒　「激しくもなく」
岡内先生「ちなみにほかの班はどんな感じやった？　プラス極側線香。失敗？」
結局、実験に成功したグループはありませんでした。

授業の最後に、生徒たちに評価表を記入してもらいます。授業評価表には、匿名性を守るため、名前は書きません。書いた内容によって、成績に関係したり叱られたりすることもないと強調してあります。

評価は、授業について「何を学習するのかわかりましたか」「先生の説明がわかりましたか」など八つの質問について4段階で評価します。自由記述欄もあります。授業について感じたこと、先生への要望など何を書いてもかまいません。どうしたら生徒の本音を聞き出すことができるのか、校長の藤原宏志さんは、教師たちと何度も話し合ってこの評価表をつくりました。

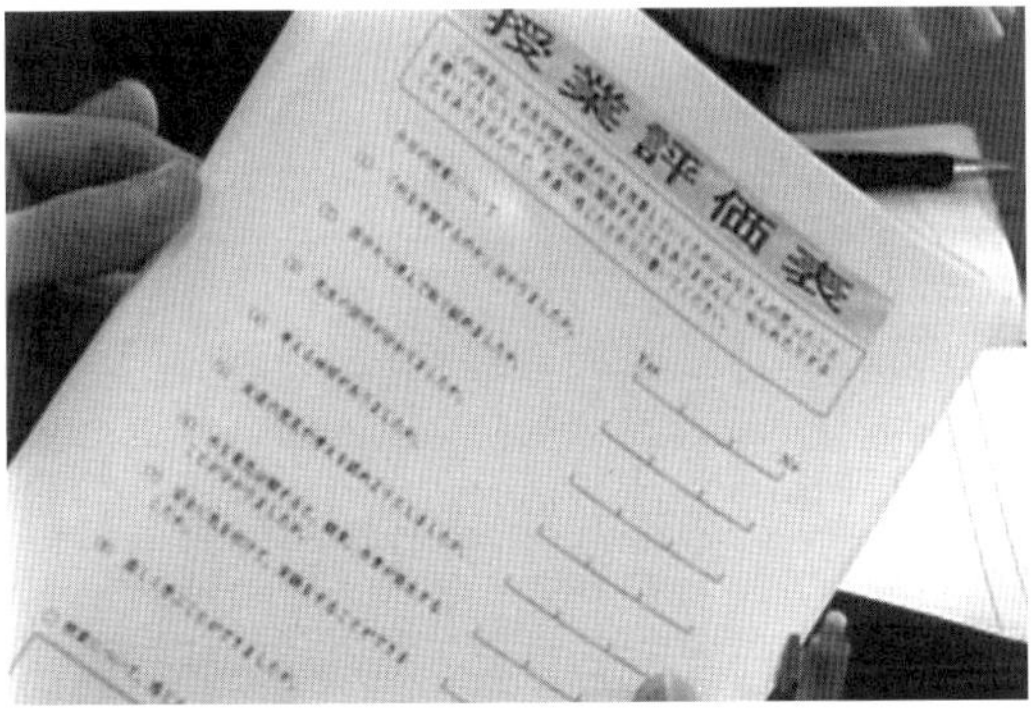

授業評価表

「今までには『黒板にもう少しきれいな字で書いてください』、『同じことを何回も言わないでください』、『一方的にしゃべらないで生徒の意見を取り上げてください』などという意見がありました。やっぱり教師の反省点だなと思います」（藤原校長）

「自分の授業を評価される」教師たちも、はじめは戸惑いがありました。

先生1　痛烈に書かれるんじゃないかという警戒心はあったんですけど、自分のやった授業を正直に評価してもらうというのはいいことじゃないかなと

先生2
今は思います
わりと自己満足の授業もあります。今日はよい授業やった。評価表もきっといいだろうなと思うんですけど、ある生徒にとっては全然わからなかった、ちんぷんかんぷんだったと。やはりそれは、自分にどこかまずい面があるんじゃないかという場合もあります

　実験を行った岡内さんの授業について、「楽しく学ぶことができましたか」という質問には、25人中23人が「はい」と答えました。
　しかし「何を学習するのかわかりましたか」には、あまりわからなかったと答えた生徒がいました。先生の質問については、わかりにくかったと評価した生徒もいます。
　生徒たちの評価をもとに、「どう授業を改善したらいいか」を教師全員で岡内さんにアドバイスします。

藤原校長「子どもたちが実験したから楽しいということでこういう結果になっていると思うけれども、学ぶことができたかというとそこのところはどうかなと思います」

　校長の藤原さんは、ある生徒が書いた自由記述欄に注目しました。この生徒は「水酸化ナトリウムが水素と酸素に分解した」と書きました。しかし分解したのは水です。水酸化ナトリウムは電気が通りやすくなるために使ったことが伝わっていなかったのです。

先生3　「一回口で言ったとは思うんだけど」
岡内先生「前の時間にもこれは入れるけど電気分解に関しては関係ないよということは説明したんですけれども、わたしの説明が足りてなかったと……」
藤原校長「足りないというよりも、聞かせてないということなんじゃないですか」
先生4　「実験をしながら個々に聞かせていくというのは、大変だったと思います。まず、一斉

的な説明が最初にほしかったなと思いました」

先生5　「紙に書いたらどうや。発問。何が言いたいかというと、すごく緊張したりとかで、やっぱり指示がはっきりせんような感じなわけよ。最初のうちは、若いうちは紙に書いて、練習しよったら無用な言葉、というか不要な言葉、削り落とせるし、すごくよくなると思う」

自分の説明の仕方が原因で、実験がうまくいかなかったと反省した岡内さんは、次の授業でもう一度同じ実験をやり直すことにしました。

どうすれば、生徒たちに水の電気分解を理解させ、実験の感動を与えることができるのか。授業の進め方を夜遅くまで工夫しました。

次の理科の授業では、岡内さんは実験を始める前に、生徒を集めました。まず自ら模範実験をし、手順を確認します。水があふれてしまったり、気体が逃げてしまわないためのコツも丁寧に説明しました。実験の注意点は、授業が始まる前に黒板に書いておきました。

今度は成功です。

結果を、忘れないうちに記録できるよう、ワークシートも用意しました。

生徒1　先生だけが、こっちに授業するんじゃなくて、こっちも要望を先生に出

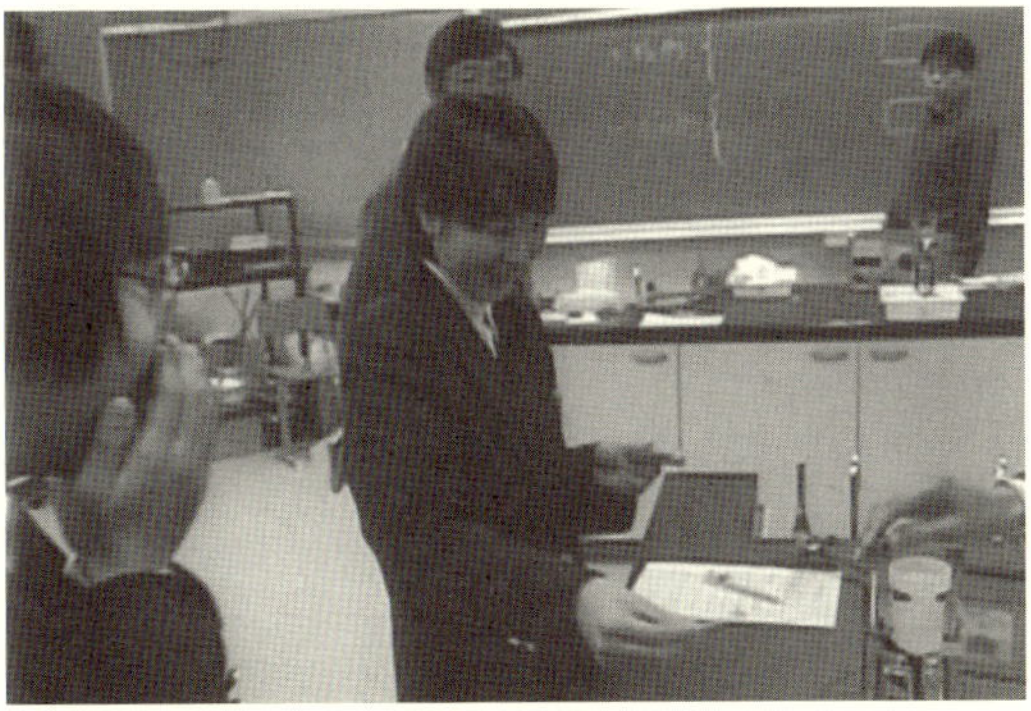

実験する生徒「（火がついて）うおぉーーー」

せるからそれに対して先生も答えを出してくれるから楽しい授業ができます

生徒2

生徒が授業をつくっていくような感じになっているんで、生徒は自分で書いて自分で意識して、次の授業も改善されるんでいいと思います

「自分の授業を見直す意味で必要かなと。ついつい他の授業とかいろいろばたばたとする中で、ちょっと気をつけるのを怠っていたかなというのが何かしらありますので、そういった意味で深く意識するのに役立っているのかなと思います」(岡内先生)

■授業評価の成果と課題

——同じ先生の授業ですが、ぜんぜん違います。すごい成果が出ていました。石坂さんいかがでしたか。

石坂　私は自分の描いたものが面白くなかったって言われるだけで、すごくへこんでしまうほうなんです。だから先生の気持ちをお察ししますという感じです。すごく覚悟を持って、授業をされているなあと感心させられました。

それから絶妙と思ったのは、生徒が○をつけるところが4段階ということです。評価が3段階とか5段階ですと、おそらく真ん中にあてはまる、まあまあとか普通という評価につけてしまいそうな気がします。ほんとうにわかったのか、ほんとうはちょっとわからないのかというふうに考えていける、すごくいい使い方だなあと思いました。それに子どもたちが言いっ放しではなくて、もう一回授業で先生の答えが返ってくるわけですから、子どもたちも自分たちの発言に積極性が出てくるし、責任も持っているでしょうね。

——もうひとかたゲストをご紹介しましょう。授業評価について詳しい鳥取大学教育地域科学部教授の

矢部敏昭さんです。矢部さんは高知県の学校でも、評価についてのアドバイスをしていらっしゃいます。矢部さん、吾北中学校の取り組みはどうご覧になりましたか。

矢部　子どものインタビューにありましたように、自分たちが授業をつくっていくという授業観の変革につながっているので、大変すばらしいと思います。本来授業というのは、子どもが主体で、先生と子どもが一緒につくっていくものだと思います。「授業評価」の意義はまさにそこにありまして、教師にとっては指導の改善に役立つ、子どもにとっては学びの改善に役立つ、その意義が認められて、全国的に広がっているのだろうと思います。

――子どもにとっても、授業観が変わってくるわけですね。このようなよい面は確かにたくさんあります。しかし、授業評価はなかなか難しいという面もあります。吾北中学校の生徒に授業評価についてアンケートをとりました。73人が複数回答で答えたものです。

一番が「意見を先生が聞いてくれる」これは非常によい面ですよね。そして二番が「授業がわかりやすくなる」これも非常によい面です。三番目に、実は「マンネリ化している」という答えがあがっているのです。これは授業がマンネリ化しているのではなくて、授業評価そのものがマンネリ化している、つまり一回評価してしまうと、もう次のときは書くことがなくなってしまったり、単純におもしろかったとかつまらなかったということだけになってしまうのです。石坂さんこのアンケートの「マンネリ化」はどうご覧になりますか？

石坂　難しいです。たとえば子どもたちに「何か質問は？」と聞いても、どこがわからないのかわからないというのと似ていて、すごく難しいところです。子どもたちがいろいろ書いていくのに、この次は何を書けばいいのか迷ってしま

授業評価についての生徒アンケート

1. 意見を先生が聞いてくれる　22人

1. 授業がわかりやすくなる　20人

1. マンネリ化している　13人

うというのは、よくわかります。ただ、これは全国的に新しい試みですので今の段階では、子どもがとても楽しかったとかちょっとつまらなかったという声を先生に聞いてもらって、先生が次にもっと生徒をひきつけるような魅力的な授業をするために、努力してくださっているというだけでもう十分によい内容だと思います。

――矢部さん、やはり難しいでしょうか。

矢部 吾北中学校に限らず、マンネリ化は起こります。考えてほしいのは、この学校も取り組んでいますが、授業評価表それ自体を、子どもとともにつくり直していく、そこがじつは大事なんです。評価表の項目の一つひとつが実はよりよい授業のメッセージを発信しているんです。そこを認識していただくとマンネリ化は防げるのではないでしょうか。

――「授業評価」のやり方自体も子どもたちと先生でつくり上げていくということですね。

矢部 そうです。

――そうすると子どもがより積極的に授業に参加していかなければいけないですね。

次は、子どもたちに授業に参加したり、あるいは評価する力を育てることにも力を注いでいる例を紹介します。高知県の小学校の取り組みです。

評価する力も育てる

全校児童578人の高知市立泉野小学校。この学校は、算数で授業評価を行っています。授業の終わりに子どもたちは算数日記を書きます。その日、わかったことや疑問に思ったことなど感想を記します。

授業評価を中心になって進めている算数の

研究主任の、中川弘子さんは、授業が終わると、子どもたちが書いた日記すべてに目を通します。

「子どもたちの具体的な学びの姿、どういうことが、どういうふうにわかっているのかがわかるのと、つまずいている子どもはどこでつまずいているのかがわかると思います。それが次の授業にむかったときに個別指導もできますし、ここはわかっていなかったということはもう一度違う迫り方もできます。授業改善につながっていっていると思います」（中川先生）

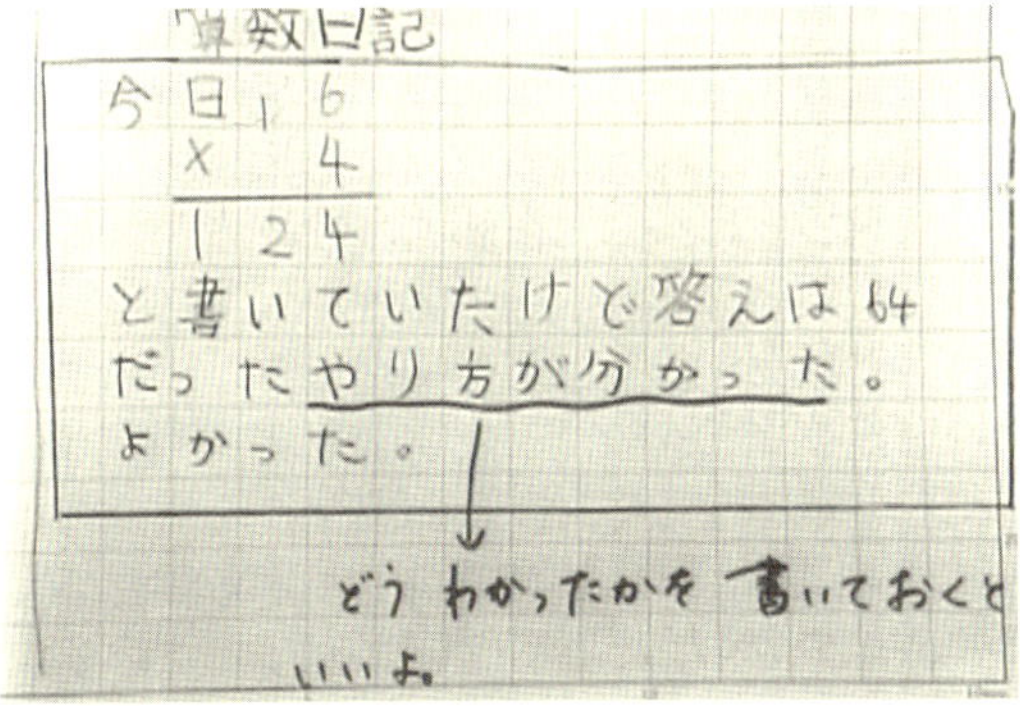

算数日記

　3年生の算数では、掛け算の繰り上がりを勉強します。

中川先生「何の位で繰り上がる？」

　中川さんはこの日、子どもたちに繰り上がりのある掛け算の問題をつくらせることにしました。3をかけると、1の位だけが繰り上がる3桁の数字、10の位だけが繰り上がる3桁の数字などをそれぞれ自分たちで考えます。繰り上がりをすばやく見通す力を身につけるのがねらいです。

　1の位だけが繰り上がる数として子どもたちは224を見つけました。

中川先生「次の式！」

　次は、3をかけたときに10の位だけが繰り上がる数を考えます。

中川先生「ひでき君！」

ひでき君「３５３！」

　川村ひでき君は、３をかけたときに、10の位だけが繰り上がる数として、３５３をあげました。しかしすぐ、数字を変えたいと発言しました。

ひでき君「やっぱり２００にして」

　ひでき君は１００の位を３から２に変えたいといいました。２５３です。

　中川さんは両方の式を子どもたちに計算させてみました。計算してみると、ひでき君が言ったとおり、２５３は、確かに10の位だけが繰り上がっていました。

　一方、最初に言った３５３では、10の位だけでなく１００の位も繰り上がってしまうことがわかりました。

　この日の算数日記です。

「ひでき君が３５３って言って間違えたといったとき、私はどこが間違っているかわかりませんでした」。ほかの子どもの日記にも「ひでき君がなぜ数を言いなおしたのか、わからなかった」という記述が目立ちました。

「やっぱり200にして」

「３５３×３と言って、３００を２００に変えてと言ったときに、ほんとうはそこで立ち止まって、どうして２００に変えてって言ったと思う？と全体で考えさせたら、ほんとうに子どもの思考によりそった授業ができたと思うんです。教師のほうが早く前に進みたいというのがあったので、253の計算をして、353のほうも計算して、となってしまったんですけど。ここは子どもたちと一緒に考える時間だったなって反省材料に持っていますので、今度そういう場面が出たときには、子どもたちにつきあって、どういうことかを全体で話し合う時間をとると思います」（中川先生）

授業を改善するヒントがたくさんつまった子どもたちの算数日記ですが、始めた当初は参考になる感想ばかりではありませんでした。ただわかったことをまとめたり、「難しかった」と一言書くだけの子どもが多かったのです。

そこで中川さんは、一人ひとりの日記に丁寧に返事を書くようにしました。何が難しかったのかと聞くなど、感想にはできるだけ理由を書くように指導しました。

次第に、子どもたちは自分がどう学んだかを振り返り、具体的に書くようになりました。日記を書くことを楽しみ、そうすることで力をつける子どもたちも出てきました。

生徒1　好き。自分の意見が人に伝わるから

生徒2　前にやった勉強を忘れちゃったら、前の文を読んでわかったりする

「書くことによって、自分の学習を振り返り、ここがわからなかったと書くことによって、じゃあ次わかりたいから一生懸命聞くとか聞いたらわかるとか、認められるのも楽しいとか、だんだん変わってきているんだと思います」（中川先生）

■今後の授業評価の行方

――泉野小学校は、矢部さんが3年前からアドバイスされてきたそうです。子どもたちはどう変わって

きましたか。

矢部　はじめはやはり「楽しかった」「よくわかった」という記述でしたが、その後、友だちの学びのよさを書いたりあるいは先生に次は僕、こんなことをがんばるよというようなことを書くようになってきました。それを先生が的確にとらえて授業を変えていきますので、授業がよりよくなっていきます。

子どもの姿は先生の指導を映し出している鏡ですから、先生と生徒のやりとりは大事です。もうひとつは、友だちのよさを自分の学びに取り込んでいくという子どもたちの姿があります。これがまさに集団で学んでいる子どもの姿であり、また意義だろうと思います。そこも変わってきています。

――最終的には自分自身の学びにつながっていくわけですね。

――石坂さんいかがでしたか。

石坂　男の子が3桁の掛け算で積極的に発言していたところで、ほかの生徒のどこで繰り上がるんだろうっていうのがありましたね。こちらがどきどきしてしまったのですが、ふつうだったらほかの子の発言は、そんなに気に止めていなかっただろうなという場面です。でも、おそらく泉野小学校のクラスの子たちは、その後で授業のことをノートに書く習慣ができているので、非常に集中して彼の発言を聞いているのではないでしょうか。そこに驚かされました。

――男の子は、手をあげて言ったわけではなくて、座って言ってましたよね。

この後、石坂さんが考える授業評価は、どうなってほしいと思いますか?

石坂　私の地元にも導入してほしいと思いました。こんなに教え方が改善されるんだということが、短い時間でもわかりましたから。要するに子どもたちにいろいろと提供できるという発想を、大人たちがもっと持つべきです。持っていなかったことがもったいなかったなあと思いました。いろいろなシステムがあるのだということを考え方に入れておいて、どんどん欲ばっていいんだなあと思いました。

矢部　──矢部さん、今後どういうことが重要になってきますか？

まず、一つ気をつけてほしいのは、評価というのは評価すること自体が目的ではないということ。つまり、よりよい授業に向けて改善するためにあるのです。そこの認識です。先生も子どももよりよく変わっていく、そういうプロセスだというとらえ方をしてほしい。もう一つは学期に1回、あるいは月に1回ではなくて、できるものならこの「授業評価」が、日々の授業の中で行われていくことが重要です。日常の中で行うということが、おそらく子どもを変え、先生の指導を変え、そして授業そのものを変えていくことだろうと思います。これからは何を学んだかではなくて、何をどのように学びとったのかが問われていく時代です。その一つの方法が授業評価だろうと思います。

矢部　──プロセスの中でどういうことが必要になってきますか。

いろいろな考え方、視点が出てきますよね。子どもたちは多様に考えますので、お互いに、ほかの友だちの考えが読み取れる、そういう授業も展開していけるだろうと思います。

矢部　──先生も成長できますし、子どもたちも授業がわかると同時に、人間として成長していけるということですね。

そうです。

矢部　──そうすると「授業評価」によって授業をどう進めていくのかというのは、結局はどこにつながっていくのでしょう。

授業を通して、どういう子どもたちに育てたいのか、どんな大人たちにしたいのか、そういうところまで考えていけるということです。

（2003年2月6日放送）

学校は…①

「話す・聞く」の力を伸ばせ

Guest commentator

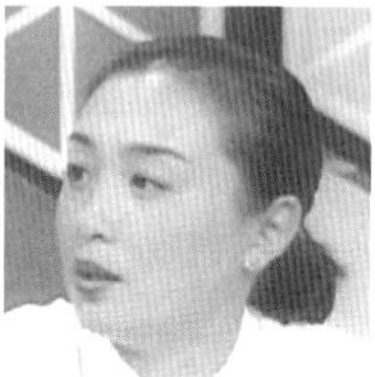

香坂みゆき
3歳でモデル、14歳で歌手デビュー。現在、4か月と5歳の男の子の母。家庭も仕事も自然体で、子育て中のお母さんたちの人気を集めている。

Guest commentator

平田オリザ
劇作家・桜美林大学助教授。劇団「青年座」主宰。中学2年の国語の教科書（三省堂）執筆。著書に『対話のレッスン』『現代劇入門』など。

4月から、小、中学校の国語が変わりました。声に出して自分の考えを伝える「話す力」、相手の言いたいことを理解する「聞く力」を育てることに重点を置くようになったのです。地域の人にインタビューしたり、クラスの中で討論したりするなどさまざまな授業の工夫が始まっています。

子どもたちの「話す力・聞く力」をどうすれば伸ばすことができるのか。全国に先がけて取り組んできた学校の例をもとに考えます。

■子どもたちの話す能力

学習指導要領が変わり、今年度から、子どもたちの「読み書き」の力だけではなく、「話す・聞く」の力を育てることにも重点が置かれるようになりました。話したり聞いたりする力を授業の中でどう伸ばしていくのか、今日は考えてみたいと思います。一緒に考えてくださるゲストの方は、俳優の香坂みゆきさんです。

香坂さんは4か月と5歳の男の子のお母さんでいらっしゃいますが、ふだん、話す力、聞く力というのを意識しますか？

香坂　男の子は言葉が遅いといいますが、うちは2歳くらいからよくしゃべる男の子なので「うるさーい」って言ってしまうことが多いです。ほんとうは親もよく聞いてあげたり、話をさせてあげたりするのが大切なのかなと思います。

――こんなふうに育っていってほしいという願望はありますか？

香坂　大きくなればなるだけ、自分の思っていることを伝えることのできる人になってほしいです。

――気になるデータが一つあります。国立教育政策研究所が調べたデータです。複数回答ですが、「友だちと意見が違ったときに、どうしますか」というアンケートです。

「理由を説明して反対する」「理由は言わないが反対だと言う」「おこる・どなる」というよりも「がまんしてだまる」「反対なのに相手に合わせてしまう」という方の数字が多いんです。複数回答ですが100人のうち58人が「反対なのに相手に合わせてしまう」と答えています。このアンケートをとったのは小学校の高学年である4年生5年生6年生の3600人。

香坂　もちろん親としてはきちんと意見も言えて、反対もできるというのがよいと思います。でもこれをみていると世の中の大人も同じかなと思いませんか？

――そうですね。問題なのは、反対なのに自分の意思表示をしない

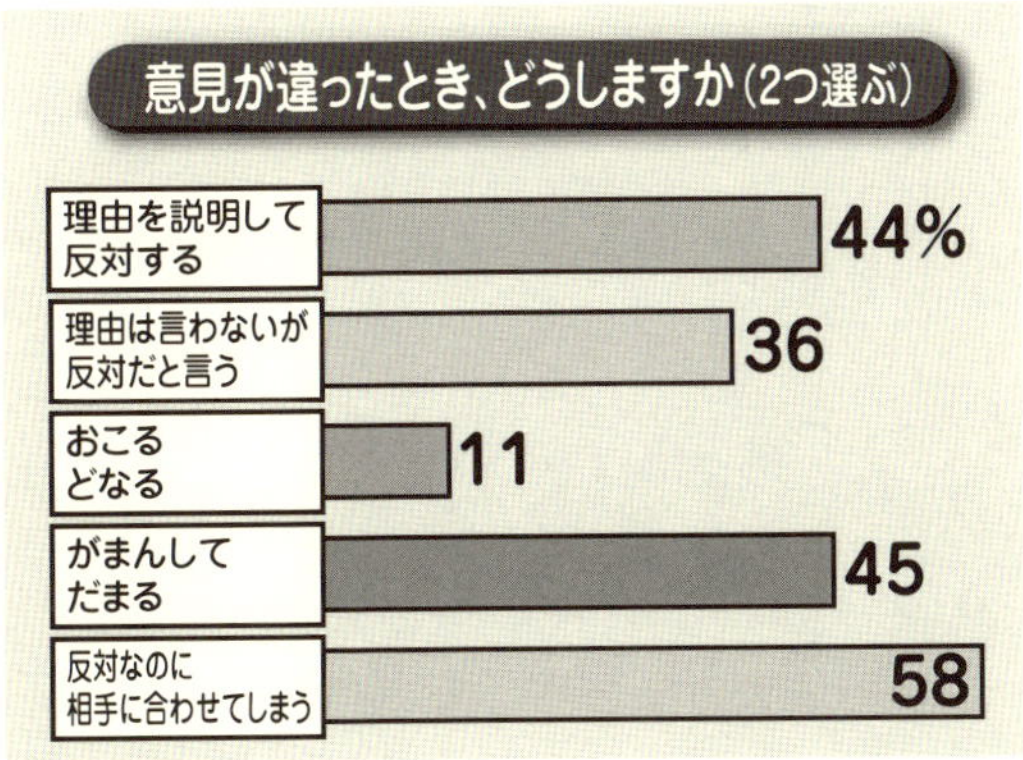

で相手に合わせてしまったり、黙ってしまったりすることです。

香坂　これからの時代を背負う子どもたちという意味では、もう少し自分の意見が言えるといいですね。

――子どもたちの「話す」能力を伸ばすためにはどうしたらいいのかということで、全国に先がけて10年前からその教育に力を入れてきた小学校の例をご紹介しましょう。

矢作東小学校の取り組み

名古屋から車で1時間のところにある愛知県岡崎市。児童数830人の矢作東小学校3年2組の国語の授業です。

この日は、坪井美幸さんが「夏の思い出」という題のスピーチをしました。1分間原稿を見ないで話をします。人前で話す自信をつけるとともに、話をきちんと聞く力を育てることがねらいです。

すべての学年で取り入れられているスピーチ。学年毎に話す時間やテーマを変えるなどして、だれもが無理なくできるようにしています。矢作東小学校が「話す・聞く」の授業に力を入れるようになったのは10年前からです。「自分の考えをうまく話せない」「相手の話を最後まで集中して聞けない」そんな子どもたちの姿を、教師たちは気にかけていました。そこで学校をあげての取り組みが始まりました。

教師たちは、毎週集まってどんな授業をしたらよいか話し合い、月に一度研究授業を行いました。さらに国立国語研究所の専門家を招いて、指導を受けました。

2年後、研究の成果をまとめた報告書ができあがりました。中には「話す・聞く」の目標が45項目掲げてあります。「自分から話そ

「話す・聞く」の目標

1・2年生	●はっきりした発音で話す ●話を最後まで聞く
3・4年生	●筋道を立てて話す ●話の中心を正しく聞き取る
5・6年生	●友だちの考えと比較して自分の考えを論理的に話す ●相手の意図をつかみながら聞く

うという気持ちを持つことができる」「『いつ、どこで、何をしたか』を、わかるように話す」などの目標を、学年毎に細かく設定しました。

今は学年を大きく三つに分けて目標を定めています。こうした目標をめざして、国語の授業に加え、15分の「ことばの広場」という時間を設けています。

先生「いい？　さんはい」
児童「あ・い・う・え・お」

1年4組の「ことばの広場」の時間では、はっきりした発音で話すための発声練習が行われています。

児童「あ・い・う・え・お」
先生「早くなると『あいうえおー』と口を開

リズムに乗っての言葉遊び歌

けない子がいますが、『あ・い・う』ってはっきり言ってください」

「あいうえおのきちんとした口形をやって、少しでもしゃべり方に自信を持つことで、みんなの前で恥ずかしがらずに言える、自信を持って話せるのではないかなと思います」

（1年4組担任三上美佐子さん）

先生「あひるのあくび〜」

児童「あひるのあくびはあいうえお。かえるがかけっこかきくけこ」

　言葉遊びの歌に、リズムをつけて声を出します。楽しみながら、発音をよくする工夫です。1年生はこの発声練習を毎日のように繰り返します。長く続けることではっきりした発音が自然と身につくのです。

　3年生になると、ゲームを通して話の中心を正しく聞き取る力を養います。

女の子「私のとっておきの物を当ててください。第一ヒントです」

とっておき箱

このゲームは、黒い箱に入れた宝物を、問題を出した人のヒントと質問への答えをもとに当てるというものです。宝物が何かを当てるにはヒントと質問の答えをきちんと聞くことが大切です。そのうえで想像力を働かせます。

男の子　「望遠鏡に似ていても遠くは見えません。第二ヒントです。三角形の内側に鏡があります」
子どもたち「質問！」
女の子「それはどれくらいの大きさですか？」
男の子「（手で幅を示して）これくらい」

ゲームの制限時間は15分。「ことばの広場」の時間でもできるように、工夫されています。最後にわかった人が答えを言います。

男の子「それって万華鏡じゃありませんか？」
男の子「そうです」
先生「ちょっと待って。のりゆき君はどうして万華鏡って考えたの？」
男の子「最初からわかった。『遠くは見えない』と『望遠鏡』でわかった。組み合わせたら万華鏡ってできた」

箱の中の宝物は、手作りの万華鏡でした。見事正解です。

女の子　答えがわかるように、いろいろなものを思い浮かべて、それに当てはまる物を思いながら聞いていました

男の子　わかりやすいヒントがあって、すぐ答えられるからおもしろい

■子どもたちに必要な「話す力・聞く力」とは？

香坂　ゲームみたいに楽しんだり歌を歌うように発声練習したりするのは、よいですね。話すことは教わることではなくて、普通のことですよね。あまりお勉強になるより、楽しみながら身につけていくほうが、いいですよ。

――そうですね。さて、ここでもうひとかた、ゲストです。劇作家で桜美林大学助教授の平田オリザさんです。平田さんは演劇教室などで、小、中学生に表現することの楽しさを教えていらっしゃいます。愛知県の矢作東小学校はいかがでしたか。

平田　朗読の時間も減ってきてしまいましたから、とにかく声を出す習慣をつけるということは大事です。発声練習も、少しずつでいいのでやるとずいぶん変わってきます。それから香坂さんもおっしゃられたように、とにかく低学年のころは、しゃべると面白いな、言葉って不思議だなという感覚を身につけてもらうことが大事です。ゲームみたいなものから入っていくことも大事ですね。いろいろなヒントを出してものを当てるということや、想像力を使ったり、たとえば堅いものといっても人によってそれぞれ堅いものと思っていることは全然違うんだというふうに、他人との違いがわかってくる。そういうことが理屈ではなくて、なんとなくゲームの中で身体でわかってくるということが大事なので、ずいぶん効果がある授業ではないでしょうか。

――一つのことから考えると、相手も同じことを考えていると思いがちですか。

平田　そうです。特に今の子どもたちは仲間うちでしか話さないし、仲間うちでもお互いわかったふりをして話してしまいますから、ああ、いつも話しているあの子はあんなことを考えていたんだ、ということをゲームを通じて発見できるわけです。それは非常に大事なことです。

――矢作東小学校では、ご紹介した以外に、いろいろな工夫をし、学年毎にいろいろな段階を踏んで話し方を覚えていこうとしています。1、2年生は発声練習、聞き取りクイズ、先生がいろいろなヒントを出して思い浮かんだものを絵に描いてみたりします。3、4年生は目や耳や鼻、五感に感じたことをうまく表現してスピーチします。相手の五感に訴えるようなスピーチです。そして5、6年生は討論。こういう段階を踏んでいく

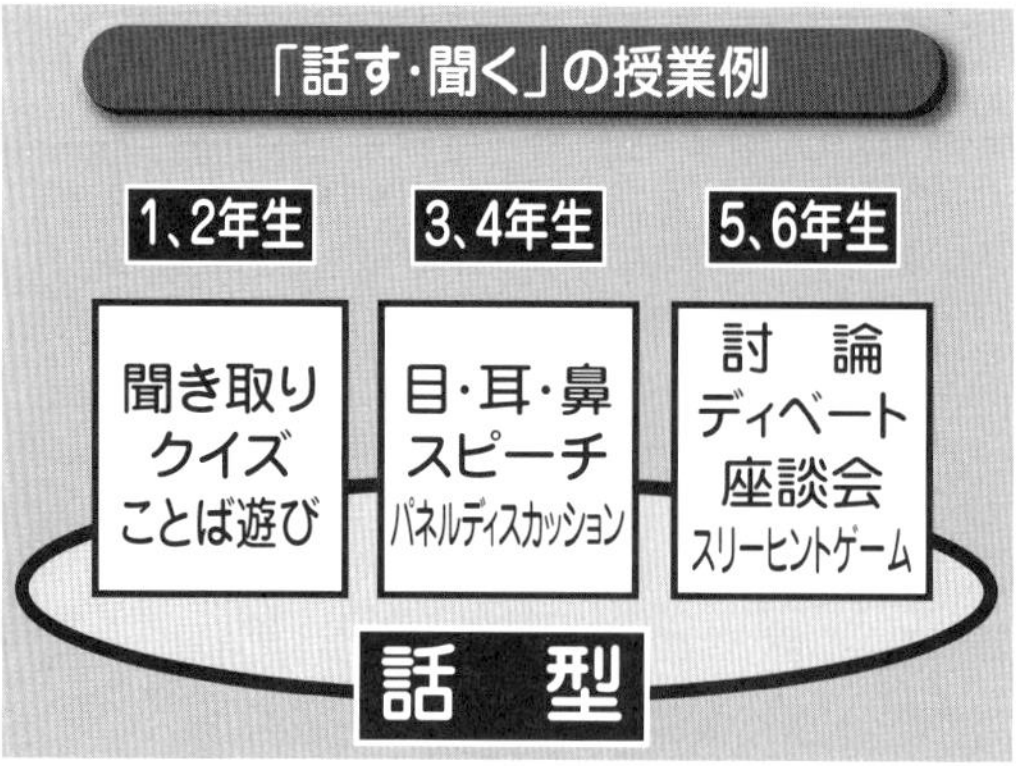

ことによって「話型」、話す一つの形を身につけていこうという考えです。平田さんは実際演劇教室でどんな工夫をされていますか？

平田　僕の場合は学校ではなくて、地域の劇場などでやるものですから、バラバラな学校の子どもたちが集まってきます。その子どもたちに自分の知らない人たちと話すことって楽しいな、ただ単に話すのではなくて、知らない人と出会うことって楽しいなということを感じてもらいます。たとえば30人くらい子どもたちがいて、まず好きな果物の名前を言って、みんなの仲間を集めてと言います。梨、梨、梨と言うと、梨の好きな子が集まって、桃の子も集まって、最初はみんなボソボソ言うのですが、大きな声を出さないと仲間を集められませんから、けっこう引っ込み思案の子どもでも自分で仲間を集めるために素直に身体から声が出てくるのです。しかも、動きまわりながらしゃべるのは大事です。身体と声というのはつながっているので、そんなゲームをしています。

中学生くらいになると、男の子だと、どうするどうする梨にしようかって相談して、梨がかたまっちゃったりするので、今度は住んでいる町とか、生まれた月とか相談もできないようなものにします。話し言葉の授業というのは、教科書どおりにはいかないので、技術も必要になってきます。

――矢作東小学校では、高学年になるとインタビュー、討論という形のものに挑戦していきます。

討論やインタビューの授業を通して子どもたちが身につけたもの

5年3組の総合的な学習の時間です。子どもたちは1年間かけてお米について調べています。この時間を利用して、インタビューについて学びます。

配られたプリントには、インタビューの方法や注意事項が書いてあります。それを読んだあとで、地域の人に話を聞きます。

子どもたちは六つのグループに分かれて、スーパーや米屋さんに出かけました。ひとつのグループは専業農家に話を聞きに行きました。

女の子「今日学校の勉強で、矢作の米について調べていますが、インタビューしてもいいいですか?」

生駒「どうぞ」

男の子「生駒さんは何代目ですか?」

生駒「何代目? 生駒家の四代目です」

子どもたちは、米作りを始めたきっかけ、その苦労や喜びなど、あらかじめ質問を用意していました。自分の聞きたいことが相手に伝わるか。相手の答えをきちんと聞き取れるか。このインタビューはそうした力を育てることにつながります。

女の子「機械見せてもらっていいですか?」

生駒さんにインタビュー

用意した質問を聞き終わったあと、子どもたちは、農業機械を見せてもらいました。

機械に触れた子どもたちは、新しく疑問を抱き、またインタビューを始めました。

女の子「機械は、機械ごとに値段は違うんですか?」

生駒「違います。機械によっても違います

し、同じトラクターでも大きさなどによって値段はいろいろですね」

その場で感じた疑問を、すぐ言葉にして、相手に尋ねる。そうした力を育てることも、この学習の大きなねらいのひとつです。

女の子　やっぱりはじめは緊張したけど、だんだんいろいろなところを回ってきてから、だいぶ緊張がほぐれて楽しかった

男の子　自分の思っていることが聞けたのが楽しかった

女の子　自分の思ったことをすぐ聞いて、必ず答えを得ることができたと思う。それを気をつけてやったことがいいと思います

1年生から積み上げてきた「話す・聞く」の力を最大限に発揮して行うのが、討論の授業です。

この日5年1組では、「車がよいか、電車がよいか」というテーマで討論しました。子どもたちは、車がよいと考えるグループと、電車がよいと考えるグループに分かれて、話し合います。討論はすべて子どもたちだけで進めます。教師は口を出しません。まずそれぞれのグループの代表が電車がよいと思う理由、車がよいと思う理由を発表しました。

女の子　「私は電車がよいという立場から、五つ理由を考えました。一つは環境です。車は排気ガスがいっぱい出るので、すごく地球に悪いなと思いました」

女の子　「私は車のほうがよいです。なぜなら電車だと時間に合わせて駅に行かないといけないけど、車だと自分の好きな時間に行けるので車のほうがよいです」

いよいよ討論が始まりました。

電車がよいと考えるグループからは、渋滞や駐車場の心配がないという意見が出ました。いっぽう車がよいと考えるグループから

は、目的地まで直接行ける、たくさんの物を運ぶことができるという意見が出ました。

司会　「意見のある人は手をあげてください」

電車・男「ぼくは電車のほうがよい。なぜかというと電車だと決まった時間に行けるし、渋滞しないからです」

車・男　「ぼくはあつしくんの意見に反対で、電車だと決まった時間じゃないと出て行けないけれど、車なら自由なときに車を出して行けるので、車のほうがよいです」

電車・女「今のかずゆきくんの意見に質問ですが、出る時間は自由に決められても、着く時間は予想ができないので、そういうときはどうするのですか？」

車・男　「着く時間は決まらなくても、渋滞していてもめざしていけば、時間はわからなくても、目的地に着くので、待っているよりは早く出たほうがよいと思う」

自分で調べた資料を使って話す力を養うことも、討論の授業のねらいです。

車がよいと考えるグループは、家族５人で名古屋まででかけた場合、電車より車のほうがお金がかからないという資料を使いました。

電車がよいと考えるグループは、事故の発生件数を調べました。その結果、車より電車のほうが事故が少ないということがわかり、そのデータを使って、安全をアピールしました。

討論の授業では、結論を出しません。

話し合いを通して、違った意見を持つ人がどんな考えをもとに主張しているか、違う意見でも納得できる理由があるか、を知ることが目的です。このクラスでは、こうした討論の授業を月に一度は行っています。

女の子　意見を言ってすぐ反論が返ってきて、またためげずに反論して、反論の繰り返しとか付け足しとかがたくさんできてとても面白い

男の子　相手に言われて、そういう考え方もあるんだと、ちょっとびっくりした
女の子　意見を思いついていても恥ずかしくて言えなくて、でもこの話し合いをしていて、意見を言ってみようかなと思えるようになった

■会話から対話へ

――討論などの経験をすることによって、ほかの科目でも、自分がどこまでわからないのか、あるいはどの部分がわからないのかという意思表示を子どもたちがするようになってきたということです。
香坂　学校のクラスの中でもお友だちとは話すけど、そのほかの子たちと話す機会があまりないという中で、こういう機会があると、いろいろな人たちと話ができますね。かといって、やはり話すのが苦手というお子さんもいらっしゃるでしょうね。
――そういう子どもには強制的にしゃべらせるのではなくて、あくまでもその経験を通して将来に生かしてほしい、あるいはしゃべりやすい雰囲気にもっていくということを、この矢作東小学校では気をつけているそうです。
香坂　今だめでも、中学校、高校になって、すごくおしゃべりが上手になる人はいるでしょうし。
――聞いてるだけでもあの子はこういう考え方をしていたのかと思ったりしますよね。平田さん、いかがですか？
平田　ディベートというと勝ち負けを決めるという印象が強いでしょうが、僕は個人的にも、小学生くらいの間は勝ち負けを決めないで異なる意見を大事にする、耳を傾ける、極端に言えば、この後意見が変わっていったりしても面白いと思います。

それから地域社会に出ていってインタビューをするというのは、非常にすばらしいですね。学校の中だけだとどうしても限られたコミュニケーションになってしまいます。そこで得た技術をしっかり外で使っていろいろな人に触れ合うことによって、子どもたちの対話の力、大切さを身につけていくということが大事です。

香坂　私たちはふだん会話をすると言いますけど、対話ってどういうことを言うんですか?

平田　会話と対話というのは、日本語では辞書を引いてもあまりはっきりした区別がないのです。僕なりに定義づけているのは、会話というのは知った人同士のおしゃべり。対話というのは知らない人同士の意見や価値観の交換。あるいは知った人同士の場合でも今のディベートのように価値観が違うときに、それを戦わせたり、あるいは意見を交わしたりするというのを対話と呼んでいます。今の子どもたちにとって、この対話が重要になってきているのではないでしょうか。

――家の中で子どもたちと会話をしていても、それがときに対話になったりすることがあるということですね。

平田　そうです。

――でも日本の場合、言わなくてもわかるだろうという文化ですね。

平田　それも僕は悪くはないだろうと思います。日本というのは、島国、村社会で、察してくれよ、とか、おまえの気持ちわかるよ、というのが大事な文化です。その中で私たちはいろいろな美しい文化を生み出してきたわけですから、それはそれで大事なのです。でもやはり、子どもたちはこれから国際社会に生きるわけですし、日本の社会自体も、今まではたとえば企業の上司の命令を聞いていれば一生安定していましたが、そういう世の中ではなくなってきていて、一人ひとりの生き方とか価値観が大事になってくるのです。

そのときに自分はこう生きたいとか、ああ、あなたはそういうことを大事に思っていたのですか、僕は知りませんでした、ときちんと相手のことを聞けるなど、少しずつ対話の能力、いわゆるヨーロッパ型の説明し合う能力を、今までの日本のわかり合う文化に少し足していくと、さらに日本の文化も、コミュニケーションも豊かになっていくのではないでしょうか。

——自分の意見を伝えるためにいちばん必要なのはどんなことですか。

平田　ここがいわゆる話し言葉、聞くということの教育のいちばん難しいところです。どうしても表現しろ表現しろとか、話せ話せといって子どもを追い詰めていってしまいがちなのです。でも子どもたちは表現したいことがなければ、何も自分からは表現はしません。そこで、ほんとうに伝えたいことが出てくるように、環境を作ってあげるのがいちばん大事なことです。そのためには、僕は、逆に伝わらないという経験をしっかりさせるというのが大事だと思います。

僕はよく高校生なんかに、演劇を作るというのは、ラブレターを書くようなものだと言います。俺はおまえのことがこんなに好きなのに、なんでお前はわかってくれないのと、一生懸命ラブレターを書くわけでしょう?

この伝わらないという経験が、今の子どもたちはなかなかないのです。お母さんも大事にしてしまうし、先生も優しいし、友だち同士でなんとなくわかりあってしまう。どうにかしてこれを、たとえばいろいろな異文化の外国人と会うとか、ご老人と会うとか、さきほどの地域社会に出て行くというような形で対話の経験を積むことが大事です。

——香坂さん、いかがでしたか?

香坂　親も学校の先生方も、忙しいので、「はいはい、あとであとで」となってしまうので、聞いてあげる耳をもって、ゆっくり時間をかけて聞いたり話したりするというのは大事かもしれません。

——大人同士もしっかりと対話をもったほうがいいですね。

（2002年9月26日放送）

学校は…②

「発展的な学習」ってなに？

Guest commentator

石坂啓
漫画家。名古屋出身。主な作品に「キスより簡単」「アイム・ホーム」など。エッセイに『赤ちゃんが来た』『コドモ界の人』など。

文部科学省は理解が早い子には教科書に載っていない発展的な内容を教えてもよいと初めて打ち出しました。この秋には指導のための資料も発表しました。

「発展的な学習」の教材を独自に作った自治体もあります。愛知県犬山市では、今年から小学校の算数で取り組んでいます。

難しい問題にぶつかることで、子どもたちには挑戦する意欲が芽生えてきています。

理解力に差がある子どもたちに対して、「発展的な学習」をどのように行うのか。犬山市の取り組みを通して、考えます。

■進んだ高度な内容に踏み込んでよいという「発展的な学習」

――今日は「発展的な学習」について考えていきます。

文部科学省がこの秋出した教師向けの資料があります。文部科学省のホームページでも公開されていますが、学習のスピードが早い子に、教科書を超えた高度な内容を教えるときに使う教材例です。小学校の算数・理科、中学校の数学・理科の4種類が発表されました。

内容をみますと、たとえば小学校3年生で「3桁数字同士の掛け算」があります。教科書では、2桁同士の掛け算しか載っていません。今年の学習指導要領で削られていたものが取り上げられていたり、あるいはこれまでの教科書の中にはなかった高度な問題も含まれています。

このように理解が早い子に向けられた教材を文部科学省が示すのは、初めてのことです。

「発展的な学習」とはどんな学習なのか、そのことで子どものどんな能力を伸ばしていけるのか、考えていきます。

ゲストは漫画家の石坂啓さんです。石坂さんは小学校6年生のお子さんがいらっしゃいますが、親として「発展的な学習」はお子さんに受けさせたいなという気はしますか?

石坂　「発展的な学習」と聞いただけで、うちの子の学力が発展しそうな気がしますから、それはぜひ、なんて思いますが、現状としては学校の勉強に遅れないでいてくれればよいです。

——そして、今回は早川解説委員にも加わっていただきます。「発展的な学習」というのはこれまでもなかったわけではないのですが、これまでの「発展的な学習」との違いというのはどんな点でしょう。

早川　文部科学省が「発展的な学習」という言葉を使う場合、これまでは先に進んでもいいよということではありませんでした。

「発展的な学習」というのは「知識の定着のために内容を深めたり、広げたりすることだ」と説明されてきました。そして今いわれている「発展的な学習」というのは、それから一歩進んで「進んだ高度な内容に踏み込んでよい」ということを意味しています。授業の飲み込みが早くて先に進める子は、どんどん進んだ内容まで教えてよいということです。こういう意味で使うようになったのは、この春の学習指導要領からです。

学校で子どもたちが学ぶ内容には、学習指導要領でこれまでは上限と下限というのがありました。この幅の中で教えなさいということになっていたわけですが、このうちの上限を取りはずしました。みんなが一緒に学ぶ内容というのは3割削減したのだから、その分先に進める子はどうぞ先に進んでもけっこうですということです。

これによって今年の教科書から削られた3年生の3桁同士の掛け算だとか、5年生の台形の公式というのが復活することになりました。

――いかがですか、石坂さん。

石坂　「発展的な学習」という言葉がそもそも耳慣れない言葉でしたから、いいような気もするし、ちょっと心配が残るような気もするしというところです。実際に、進み具合が違う子たちにどういうふうに合わせてやっていらっしゃるのか、具体的に見せていただきたいな、と思います。

――今回の文部科学省の方針に先がけて、「発展的な学習」に取り組んできた例に、愛知県犬山市があるのですが、なぜ犬山市が取り組んだかというところから紹介しましょう。

先駆地・犬山市が考える「発展的な学習」の必要性

人口およそ7万人の愛知県犬山市では、今年度から市内すべての小学校で、算数の「発展的な学習」に取り組んでいます。

660人の子どもが通う楽田小学校4年生の算数の授業です。この日は、三角形の紙を使って図形の発展的な学習をしていました。子どもたちが使っている教科書で扱うのは、三角形を敷き詰めるとどんな模様ができるの

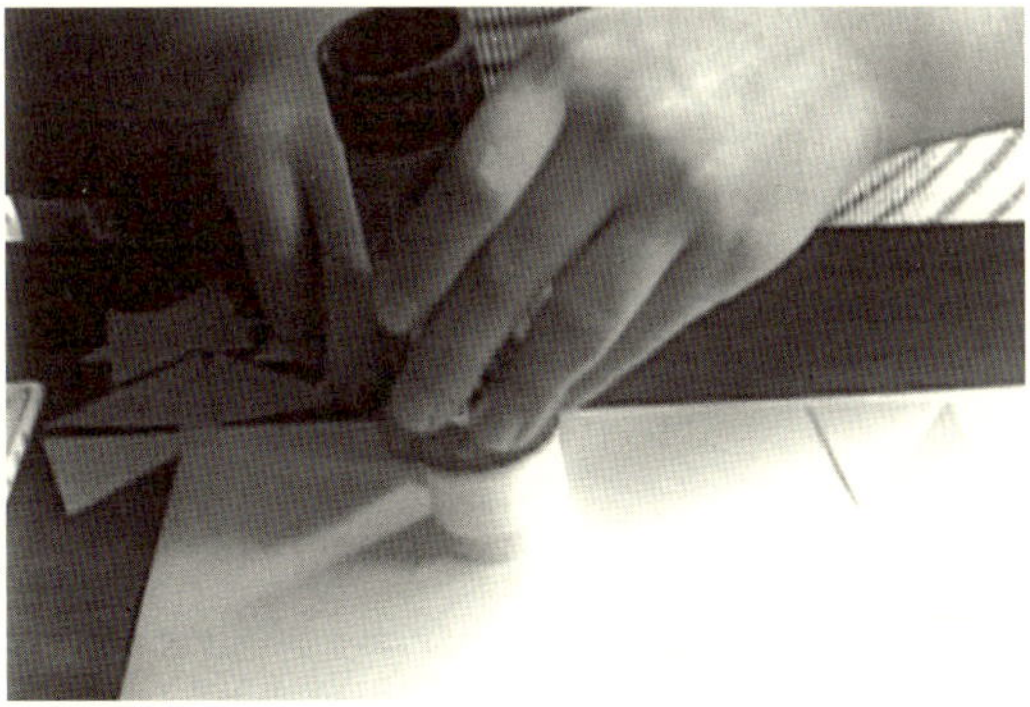

三角形の紙を使って図形の発展的な学習

か、まで。一方この授業では、平行四辺形や正多角形などのさまざまな図形が、三角形の組み合わせによってできることに気づかせます。次の学年で習う平行四辺形の学習へとつなげていこうというねらいです。

発展的な学習は、犬山市独自の副教本に沿って行われています。副教本は、犬山市の教師たちが去年1年間かけてつくりました。教科書と併せて使うもので、3年生から6年生までの子ども全員に配られます。

教科書の内容を越えた、発展的な学習の部分にはオレンジ色のマークがついています。副教本では、副教本全体の6割を占めています。5年生の副教本では、今回の学習指導要領で削除された小数点第2位以下の計算問題を取り入れています。この後の単元では、円周率3・14が出てくるので、あらかじめ理解させておいたほうがよいと考えたからです。

次の学年の内容を先取りしたものもあります。6年生の副教本には、中学1年生で習う一次関数の問題があります。公式を知らなくても、すでに習った三角形の面積の計算方法を使えば解けると考えました。

犬山市が副教本づくりに乗り出したのは、2001年の4月です。

教育長の瀬見井久さんは、教科書の内容が

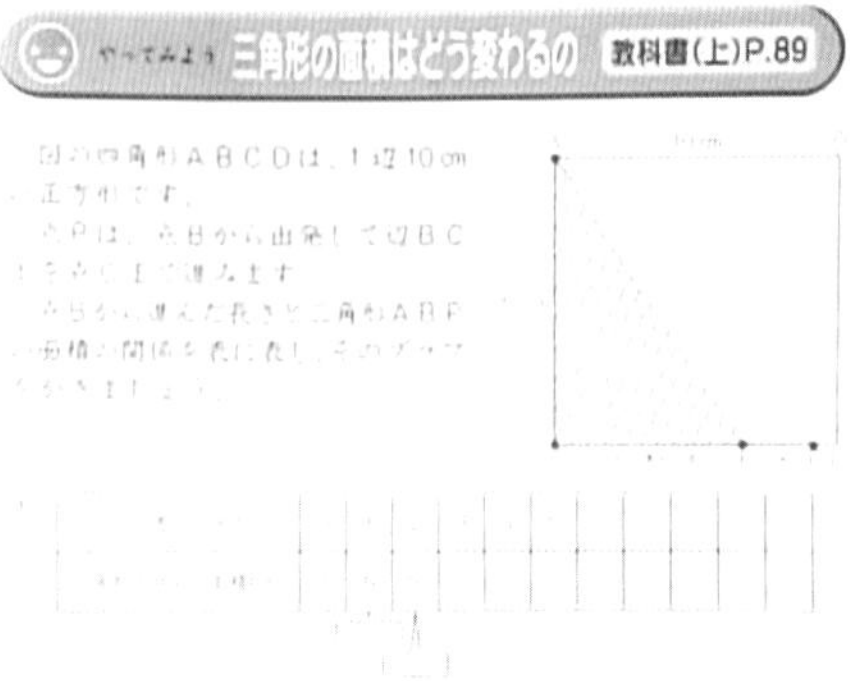

一次関数の問題がある6年生の副教材

3割削減されることで、学力が低下するのではないかと心配していました。そこで、副教本をつくり、授業の内容を変えようとしたのです。

「授業がおもしろくなくても学校に行かなければならないのは不幸なことです。魅力ある授業をどう学校によみがえらせたらよいかということが問題です。それならば生徒の状況をわかっている教師の目でもって、いちばん魅力ある授業が成立するような教材づくりをやってみたらどうかと思いました」（瀬見井さん）

副教本をつくるために、小、中学校の教師が集められました。大学の研究者も招いて、18人からなる作成委員会が生まれました。

会議では、基礎の徹底を重視するのか、それとも発展的な学習に力を入れるのか、意見が分かれました。

発展的な学習の導入を主張した一人、楽田小学校教頭の澤木哲夫さんは、授業中、理解の早い子どもがつまらなさそうにしている姿を、たびたび目にしていました。教師が理解の遅い子どもの指導に時間をとられすぎていると考えていました。

「早い子への指導の研究は遅れていました。理解できない子については、どうしたらいいかと、見切り発車してはいけないということで、教師間でも熱心に話し合うんです。では、今度は理解の早い子も伸ばしてやろうと考えて、より算数が楽しくなるにはどうしたらいいかという考えです」（澤木さん）

その後も副教本のあり方を巡って、作成委員会の議論が続きました。自分の学校に持ち帰って同僚の意見を聞いたり、アンケートを行ったりして、3か月がかりで方針を固めました。

こうしてできあがった副教本では、発展的な学習が全体の6割を占めることになりました。理解の早い子どもにも、学ぶ楽しさを味わってもらいたいという願いが込められています。

■問題は「早い子」への対応だ～アンケートより～

――犬山市がつくった副教本は小学校の算数だけですが、現在は理科の副教本づくりもしているそうです。2003年の4月から使用できるようにめざしているところです。

石坂　大変な作業をなさっていますね。

私も子どもの算数の宿題を見ていても、この先のことがわかっていたほうがもっと教えやすいなあと思うことがあります。盛りだくさんにするということは、決して悪くないと思います。授業をわかって退屈していたという子どもが、そんなにたくさんいたのでしょうか。ちょっと不思議でした。

――早川さんいかがでしょう。

早川　東京都が3年前に行った調査があります。小中学生を対象に行ったところ「授業の進み方が早くてわからない」と答えた子どもが35パーセント、だいたい3人に1人の割合でした。これに対して「授業がやさしくてつまらない」と答えた子ども27パーセント、4人に1人の割合でした。吹きこぼれとか浮きこぼれという現象です。

――以前、落ちこぼれという言葉がありましたが、その逆になるわけですね。

早川　はい。授業についていけない子どもばかりか、授業が簡単すぎて退屈だと思っている子どもたちも多いということです。一律の対応ではうまくいかないということを示してるわけです。

――実際テレビをご覧になっている方はどうお考えなのでしょうか。教育フォーカスをご覧いただいています教師の方と保護者の方にアンケートをとりました。教師１４８人、保護者１００人の方からご回答をいただきました。

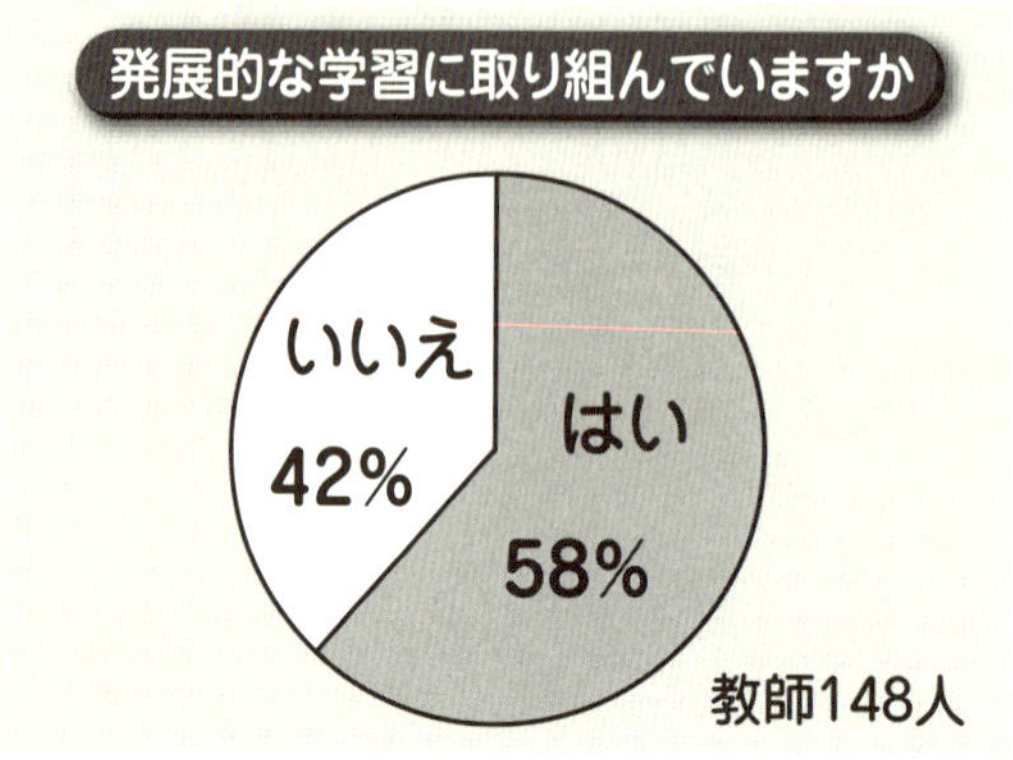

まず、教師の方に「発展的な学習に取り組んでいるか」と聞いたところ、「取り組んでいる」と答えた方が58パーセント、６割近い数字が出てきています。まだこれしかないのかと思う方もいらっしゃるだろうし、あるいはこんなに取り組んでいるのかと思う方もいらっしゃると思います。

実際取り組んでいる方の例をご紹介しますと、熊本県の小学校の先生、算数の応用問題、理科の実験などで取り組んでいるということで、取り組んだ理由は「理解の早い子にとっては、授業が退屈で、意欲を失いかけていたから」とあります。

また東京都の中学校の先生ですが、取り組んでいるのは数学で、高度な問題に取り組んでいるわけですが、取り組んでいる理由は「得意な子は、教科書程度の問題では意欲がわかないから」と書いています。このほかにも「子どもからもっと難しい課題をやりたいという要求があった」という小学校の先生もいました。

　子どもはかなり意欲的ですね。

　一方で、取り組んでいないと答えた方に理由を聞いてみました。次の三つが主な理由です。

　実際アンケートによりますと、学校全体で取り組んでいるのかという質問に対しては、全体の10パーセントくらいしか現段階では取り組んでいないという答えです。

石坂　先生方の現場のお仕事というのは、今あるだけでも大変な仕事量だと思います。やりたい気持ちはあっても、なかなか時間的な余裕がなかったりするのではないでしょうか。ただ、一つ例があったりすると親としては、そんなふうにうちの子たちもみていただけたらなあと考えてしまいます。注文する側はあれもこれもと欲張ってしまう心理が働くのです。

――その欲張る心理の保護者の方にも１００人にアンケートをお願いしました。戻ってきたのを見ますと、自由記述にぎっしりと書いてあって、親としてはかなり気になるテーマのようです。

　保護者の方のアンケートで、お子さんに発展学習を受けさせたいか尋ねたところ、75パーセントの方が受けさせたいと答えています。

「発展的な学習を受けさせたい理由」は、「知識欲のある子に教えるのは悪いことではない」あるいは「教科書の内容は減り過ぎているから」という答えです。

　逆に「受けさせたくない理由」は、「基礎学力をしっかりつけてほしい」という答えが多かったです。ただ総

取り組んでいない理由

- 遅れている子への指導が優先
- 教材を準備する余裕がない
- 学力格差が増大する

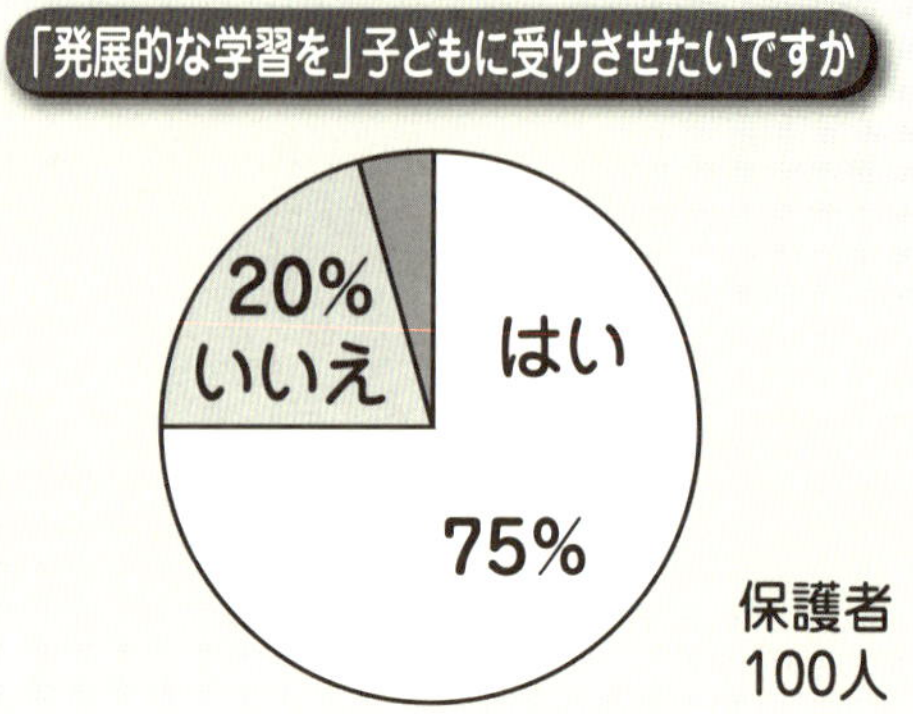

じて保護者の方からは、子どもの個性に応じてそれぞれ伸ばしてほしいという思いが伝わってきます。

石坂　私も自分の子どもの場合をみると、あまり欲張っては、無理だろうなと思いますが、子どもたちのいろいろな成長の過程に対応できるということ、先生側、大人側が準備をしておいてあげるということは、可能性をたくさん引き出すということになると思います。上限があって下限があってというのは、やはり窮屈な制約だったと思いますが、そこを取っ払っておもしろい仕掛けができるということなら、意欲的に働いてくださる方もたくさんいらっしゃるだろうなあと、見当がつきます。

――早川さんはアンケートの結果をご覧になって、いかがですか。

早川　親と先生との間の落差を感じました。先生はやや及び腰、親はどんどんやってほしいと求めているわけです。先生たちは発展学習に取り組むことができるかできないかということで悩んでいます。これに対して親の側は、できるかできないかではなくて、やってもらって当然だという思いがあるわけです。クラス全体、学校全体に目を向けるだけではなくて、目の前にいるわが子をどうしてくれるのだろうというところなのです。学力低下の不安が言われている中で、学力が低下しないようにわが子にとって、ふさわしいレベルのものをやってほしい。つまり一人ひとりのレベルに応じた指導を求めているのではないかと読み取りました。

――実際犬山市では、学校全体でどう取り組んでいるのか見てみましょう。

「発展問題」をどう扱うか　～一人ひとりに応じる～

副教本を使った発展的な学習をどう行うのか。はじめのころ、教師の間には戸惑いがありました。楽田小学校で4年生を担任する三好恵美子さんはこれまで、理解の遅れがちな子どもにも、きちんと学力をつけさせることに力を入れてきました。

「わからない子がいれば、その子を置いていけないという思いがあります。ここでちょっと戸惑っている子がいるから、もう少し復習の時間をとろうかということで、1時間、時間を増やしてしまうということはあります。確かに立派な副教本ですし、教科書以外に果たして全部できるかという思いが正直なところでした」（三好さん）

1学期早々、心配していたことが起こりました。割り算の学習で、基礎を早く理解した子どもと遅れている子どもの差が、大きく広がってしまったのです。

学習についていけない子どもが出ないように指導したい、けれどもそうすると早くできた子どもは待たされて、退屈してしまう。三好さんは、基礎を理解した子どもには、副教本の発展問題をさせようと考えました。

ところが、副教本に載っていた問題は、考え方を工夫しなければ解くことができません。基礎を理解した子どもでも、すぐ取りかかるには難しい問題でした。

すべての子どもが学ぶ楽しさを味わえる授業をどう行うか。4年生を受け持つ教師たちは話し合いを重ねました。そこで三好さんは、教科書と副教本との間をつなぐプリントをつくろうと提案しました。

三好さんたちがつくったプリントは、段階的に難しくなる内容になっています。教科書の学習が早く終わった子どもは、自分のペースで、AからDへ難しくなっていくプリントに挑戦します。

その間、教師は理解に時間がかかる子どもの指導をすることにしました。

副教本づくりとあわせて、犬山市が導入したのは、非常勤講師です。独自の予算を組んで採用しました。

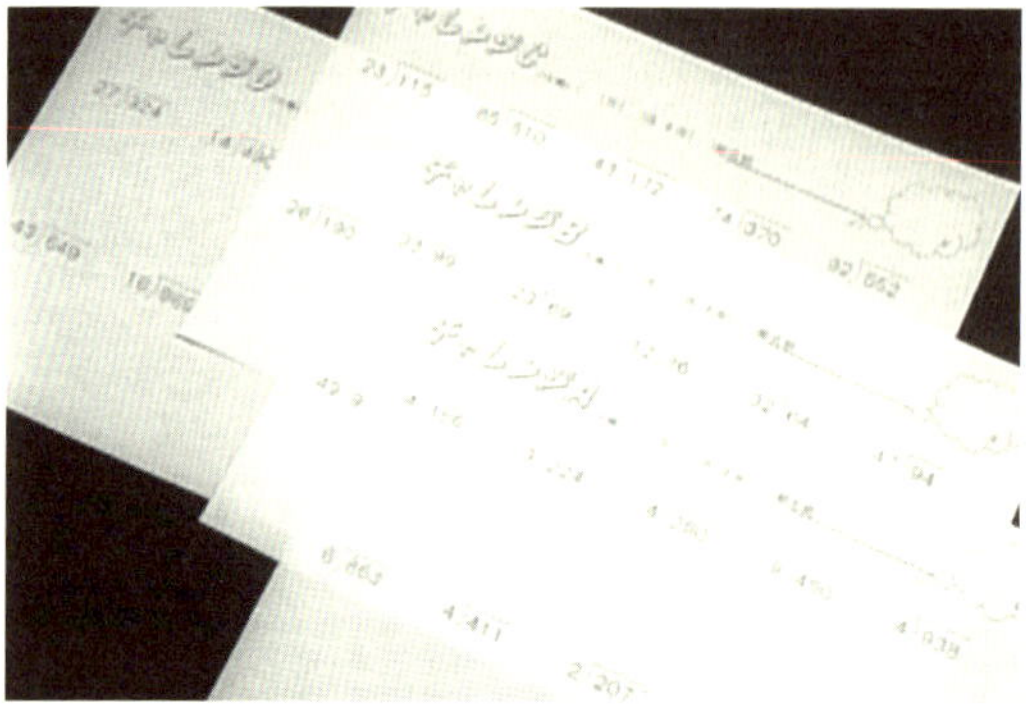

三好さんたちがつくつたプリント

三好さんは、非常勤講師と手分けして、理解に時間がかかっている子どもの指導にあたります。

基礎的な学習を早く終えた子どもたちは、次々と難しいプリントに挑戦していきました。

すると半数の子どもたちが、副教本の高度な発展問題まで自分で解き進めることができたのです。

生徒「先生できました。またできた、4個め」

先生「すごーい」

難しい問題にいきいきと挑戦する子どもたちに、三好さんは目を見張りました。発展的な学習はまだ難しいのではないかと思っていた子どもも、楽しそうに取り組んでいたのです。

児童　難しい問題をどんどんわかるようになりたいからがんばってやる

児童　意外と算数がおもしろい。やるときがおもしろい。難しい問題は嫌だけどがんばりたい

児童　難しい問題でもやっているとだんだん答えが出てくるから、やっていくと楽しい

「子どもたちって、自分も難しいところにチャレンジしてみたいという思いがあるみたいですね。だから、自分から難しい発展問題に入って、ほんとうにがんばってやった子がいるのです。4時間それぞれ自分でやる時間を設けたときに、4時間目にやっとクリアできたという子がすごく喜んでいましたので、自分はちょっと苦手だけどやってみたい、そういった気持ちを大事にしてあげたいと思います」（三好さん）

■今後の課題は

――学ぶ意欲の低下が問題になっている中で、ちょっとした工夫で子どもたちはいきいきとやる気が持てるものです。

石坂　楽田小学校の場合は先生の褒め方も上手でした。子どもががんばってやる気を起こしたというのも素直でよいです。一人ががんばっていると、ほかの子も僕もやってみるという感じで、やる気を引き出す効果がありますから、あまりせかした競争ではなくて、上手にやれている例だと思います。

ただ、副教本をやらせればいいみたいに大人がなってしまうと、今度は逆にできる子にどんどんせかしてしまう形で詰め込んでしまうことにはならないかと心配です。せっかくゆとりを持ちましょうと言っているゆとりの隙間に、また詰めなければいけないような気持ちにさせられてしまう大人がいるとまずいです。

──またもとに戻ってしまうことになりかねないという心配もあるわけですね。早川さん、いかがですか。

早川　子どもたちが難しいけど楽しいと言ってました。あれが印象的でした。自分にとって難しいかなということができた、そのできた喜びが、次に何かをやってみたいという学びの引き金、動機につながっていくのではないでしょうか。これまで飲み込みの早い子はわかった気になって授業に退屈していたし、理解の遅い子は置いてけぼりになっていたわけです。発展的な学習に取り組むということは、単に先に進むということだけではなくて、子どもたち一人ひとりがどれだけ理解しているかということを、先生が見ながら進み具合に応じた授業を工夫するということで、いわば教育の原点に立ち戻るということではないかと思います。それがひいては学びの意欲ということにつながっていくのではないでしょうか。

──これからの課題はなんでしょうか。

早川　まさにさきほど石坂さんが指摘した点です。教師の創意工夫というのが第一。そして創意工夫をするための条件整備というのが二つ目のカギということになります。

まず第一の点ですが、日本ではよく学力の剥落ということがいわれます。これは小さいころには知識がたくさんあって、世界的なレベルでも日本の子どもたちは優秀だといわれますが、それが小さいころに覚えた知識が大人になってみると実は役に立たなくなってしまうという、剥落するということなのです。こうしたことを考えますと、単に知識を詰め込むということではなくて、知識をつけたことで、それを考える力に結び付けるかどうか、そのことが、剥落しない学力をつけるということなのではないかと思います。

今回発展的な学習指導資料ができましたが、これは先生たちがこれを鵜呑みにしてやればいいのだということではないのです。それはひとつの材料。先生たちはこの材料を手に創意工夫をしながらいろいろな授業をしていくということが大事だというのが、第一条件です。

もう一つは条件整備ということですが、こちらのほうは、何もなしに先生たちにがんばれと叱咤激励してもそれだけでは足りないわけです。たとえばキメ細かい指導ができるようにということで、少人数の授業に取り組めるだけの先生の数を確保すること、さきほど犬山市がやっていましたが、具体的に使いやすいような教材をどうつくるかということも考えられると思います。

ここでポイントになるのは、先生一人ひとりが、一人ひとりの子どもに目を向けて指導していれば、発展だなんだといわなくてよいわけです。だれのために取り組むかという原点を忘れないでほしいです。

――石坂さん、いかがですか。

石坂 今回のケースに限らず、勉強の飲み込みが早いほうが優秀だという発想を、大人のほうもあらためたほうがいいのかもしれません。ゆっくり勉強してゆっくり会得する力もあります。その子なりの獲得の仕方で成長しているかどうかという見方を大事にしてあげたいと思いました。一律の測り方で子どもに勉強を強いるのは、つまらないことです。

――早くできればいいというものではありません。そして単純に勉強ができるというよりも、いろいろなよい部分が子どもにはありますので、その部分をしっかりと周りが見てあげられるようになってほしいですね。

（2002年10月31日放送）

”難しい“が楽しい

NHK解説委員　早川信夫

難しいことに挑戦すること。どちらかというと日本の学校教育が苦手としてきたことです。こうした苦手を克服しようという取り組みがこのところ目立ち始めています。

その一つは、化学オリンピックへの挑戦です。オリンピックといえばすぐにスポーツを思い浮かべますが、化学の世界でも国際高校生オリンピックが毎年開かれています。理科離れが叫ばれている中で、日本も今年（2003年）から参加することになりました。

この化学オリンピック、日本ではなじみが薄いのですが、始まってもう34年の歴史があります。1968年に当時のチェコスロバキア、ハンガリー、ポーランドの三か国が共同で始めたのがきっかけで、毎年開かれています。その後、ヨーロッパ、アジアと参加国が増え続け、去年の7月にオランダで開かれた大会には57か国から225人の高校生が参加しました。毎年さまざまなテーマの難問が出題され、実験が40点、筆記が60点の合わせて100点満点で、それぞれ5時間行い、総合点を競います。1か国の代表は4人、成績上位の10パーセントが金メダル、次の20パーセントが銀メダル、30パーセントが銅メダルとなります。このところ、アジア勢の健闘が目立ち、去年は、中国が参加した4人全員が金メダル、全体の1位、2位、4位、6位を占めました。次はタイで、金メダルが3人と銀メダルが1人、次いで、台湾と韓国も金2人、銀2人。上位をアジア勢が占めました。

日本の高校生たちの参加については、日本化学会が15年前（1988年）の大会にオブザーバーを派遣して検討したことがありましたが、世界の実力を目の当たりにすると、とても日本の高校生では太刀打ちできそうにないと見送った経緯があります。しかし、理科離れが叫ばれる中、このままにしておくとますます世界から取り残されてしまうと危機感を募らせ、今年のアテネ大会から参加に踏み切ったものです。期せずしてオリンピック発祥の地からの参加となりました。そのために、5年前（1998年）から「全国高校化学グランプリ」という国内版のオリンピックを開いて準備してきました。最初は100人ちょっとの参加者でしたが、1100人が参加するまでになりました。

去年の8月に東京大学で最終選考会がありました。選考に残ったのは、筆記試験の結果、上位に入った60人。国際オリンピックへの出場資格があるのはこのうち3分の1にあたる高校2年生以下の20人でした。毎年ひねった問題が出されるのですが、去年出題されたのは「炭酸バリウム、炭酸ナトリウム、炭酸水素ナトリウムを混ぜた白い粉の中からそれぞれの質量の%を実験によって求めよ」という問題でした。いずれもふだんよく使う繊維やガラス、石けんの原料になるもので、炭酸水素ナトリウムはカルメ焼きをふくらませるときに使う重曹としておなじみです。私のように理科のわからない文科系人間からしますと、先に理屈さえ知っていれば、簡単な問題ではないかと思いましたが、これがなかなかの難問なのだそうです。混じり合っている中から一つひとつを取り出すのは「化学のウデ」がものを言うのです。それぞれの性質の違いを生かして、熱を加えたり、水に溶かしてみたり、塩酸と化学反応を起こさせてみたりと、出題者があげた解答例だけでも6通りの方法がありました。高校生たちはいろんな方法でゴールに到達しなくてはならないのです。ちょうど、川の水や大気の中に環境汚染物質がどれくらいの量含まれているのかを分析する定量分析の手法がこれにあたります。

参加した高校生たちは、最初はどんな難しい問題が出るのかと不安そうな表情を見せていましたが、実験に取り組むうちに、どんどんのめり込んでいきました。実験に2時間、レポートをまとめるのに1時間、高校生たちの真剣な様子を見ているうちにあっという間に時間が過ぎました。終わったあとに聞いてみると「難しかったけれど楽しかった」と答える生徒が多かったのが印象的でした。先の読めない難問にチャレンジする。ふだんの学校の授業とは違う楽しさを感じ取っていたのかもしれません。

実験に取り組んだ高校生たちは、筆記試験で優秀な成績を収

実験に取り組む高校生

めた生徒たちばかりでしたが、ほとんどの生徒が実験は1学期に1回か2回しかやっていないと話していました。その証拠に、熱した蒸発皿を冷たい実験台にいきなり置いて割ってしまう生徒が続出しました。いかにも実験慣れしていないことが見てとれました。結局、筆記試験の成績と実験の成績はほとんど関連がありませんでした。大学入試の影響が大きいのかもしれません。実験名人が生き残るのは難しいことを示しています。たしかにこのままでは国際オリンピックで世界の高校生と伍していくのは大変だろうと感じました。ただ、救いは、参加した高校生たちが支給された白衣や安全メガネをつけてふだんとは違ういっぱしの科学者になったような雰囲気で実験に取り組んでいたことです。実験を終えたあとの表情には充実感が溢れていました。「ふだんとは違う」しかも「届くかどうかわからない高いハードル」そして「自由な発想でやっていい」。化学の授業だけではなく、何か今の学校教育に欠けているものを象徴していたように思います。

もう一つは、高校で"超高校級"の科学教育を重点的に行おうという「スーパーサイエンスハイスクール」の取り組みです。文部科学省が、去年（２００２年）の4月に全国26の高校を指定して研究に取り組んできました。きっかけになったのは、国際的な学力調査で日本は上位の成績だけれど「理科が好き」という割合が55パーセント、「学校以外に自分で勉強したり、宿題をしたりする」という割合が61パーセントと世界的に最も少ないグループだったことです。成績がよくても、理科に興味が持てないのでは「科学立国」を掲げる日本としては将来がおぼつかないと、高校生の中からトップレベルの科学の担い手を育てようと立ち上げたものです。指定されたのはそれぞれの地域の名だたる進学校ばかりで、1校あたり年間２０００万円の研究費が割り振られました。指定校では、大学や研究機関と手を組んで学習指導要領の枠に縛られない独自の授業を工夫することになっています。

研究指定校の一つ群馬県の県立高崎高校では、1年生8クラスのうち希望者を82人に絞って2つのスーパーサイエンスクラスをつくりました。65分授業で毎週1時間の「先端科学講座」と2週間に1回の「科学英語講座」の授業を組みました。「先端科学講座」では日本科学未来館をはじめ地元の群馬大学や東京大学などから一流の研究者を招いて遺伝子や核融合、超伝導、燃料電池といった最先端の科学技術を学びました。また、土曜日や夏休みには学校外の活動として、山梨のリニア実験線や静岡県三島市の国立遺伝学研究所など最先端の科学の現場を見学したりしました。

生徒たちは、これまでの学校教育で触れたことのない世界に触れて大いに刺激を受けた様子でした。何よりも、科学者のイメージを一新しました。ある生徒は、はじめの頃に科学者のことを「研究所にこもって一生を送る地味なイメージ」と書いていましたが、秋になると「実際には皆健康で元気そうだった。科学を体系的にとらえて科学全体に貢献しようとしている。イメージが180度変わった」と書きました。男子校だけに研究の現場にさっそうと仕事をする女性がたくさんいるのに感激したという生徒もいました。もう一つは読書量の多さです。2つのクラスの生徒たちは、他のクラスに比べて図書室からの貸し出し冊数が4～5倍とよく本を読んでいます。それも科学の本ばかりでなく、哲学から「カラマーゾフの兄弟」や「ハリーポッター」といった文学作品まで幅広い分野に及んでいるのが特徴です。科学への刺激が知的好奇心を高めていることがうかがえます。

課題をあげるとすると、第一には学校のコーディネート力です。一流の講師を呼んでくるためには、当然そうした人たちとの交渉が必要になってきます。高崎高校の場合は、教育委員会のバックアップがありましたが、担当の先生が熱心に交渉を重ねたことが年間計画に反映されました。中心になる先生が交渉を楽しむまでになればしめたものです。講師に呼ばれた人たちも生徒たちの熱心さに感激して、次も呼んでほしいと申し出るほどだということです。先生が交渉を面倒なものと感じるようではうまくいくはずはありません。第二は、せっかく一流の講師がやってくるわけですから、こうした機会を先生自身の研修に生かせないかということです。生徒たちに刺激になるのは当然のことですが、先生にとってもネタを仕入れたり、スキルを学んだりするよい機会ではないかと思います。自分の授業を省みる絶好の機会ととらえてほしいものです。場合によっては、先生たちが学び合うきっかけともなるのではないかと思います。第三は、研究成果の評価です。参加した生徒にどう役に立ったのかこの1年のことはもちろん3年間継続した結果将来に生かすことができたのか、今から意識して10年後、20年後に忘れずに評価してほしいと思います。

スーパーサイエンスハイスクール、将来は全国で100校程度指定される計画です。化学オリンピックもそうですが、難しいことに挑戦できるようになったことは子どもたちにとって刺激となることは間違いありません。それとともに期待したいのが、先生一人ひとりのあるいは学校全体としての意識改革につながってくれればということです。

学校は…③

こうすれば本が好きになる

今、急速に進む読書離れ。そんな中、教育現場では子どもたちが本を好きになるための、さまざまな試みが始まっています。

学校週五日制で休みになった土曜日を使って親子で本を読む「親子読書」。みんなの前で自分が読んだ本の感動を伝える授業を始めた中学校。

どうすれば、子どもたちが本を好きになり、読書の楽しさに気づくのか、その秘訣を探ります。

Guest commentator

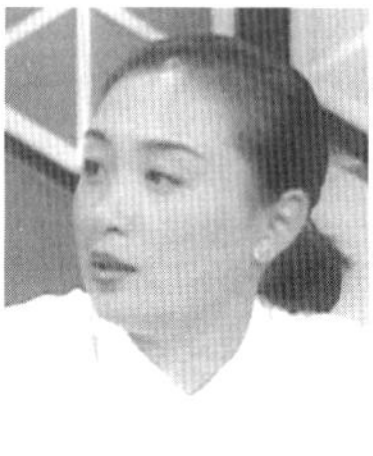

香坂みゆき

3歳でモデル、14歳で歌手デビュー。現在、6か月と5歳の男の子の母。家庭も仕事も自然体で、子育て中のお母さんたちの人気を集めている。

Guest commentator

鈴木光司

作家。『楽園』でデビュー。2人の娘の子育てをしながら執筆した『リング』、『らせん』、『ループ』シリーズがベストセラーになる。

■日本の15歳　1年間に0冊という現状

本を読むことで、言葉の力や考える力、想像力を豊かにするといわれています。どうしたら子どもたちが本を好きになるか、考えてみたいと思います。一緒に考えてくださるのは、俳優の香坂みゆきさんです。

香坂さんは2人のお子さんのお母さんで

いらっしゃいますが、本は読み聞かせたりされますか？

香坂　まだお兄ちゃんは5歳、下は6か月なので、絵本です。寝る前に読んでほしい本を必ず2冊、自分で本棚から選んでくる習慣があります。それを枕元においておき、寝る前に私が読み聞かせるという日課になっています。毎日同じ本が続くということもあります。

―― 本を好きになってほしいなという気持ちがありますか。

香坂　そうですね、かといって自分が本が好きな子どもだったかといえば、どうかなという感じもあります。でもやっぱり読むことが楽しくなってくれればいいなと思います。

―― 気になるデータがあります。２００１年、ＯＥＣＤ経済協力開発機構が、世界の15歳の子どもたちが1年間にどれくらい学校の勉強以外で本を読むかを調べたものです。

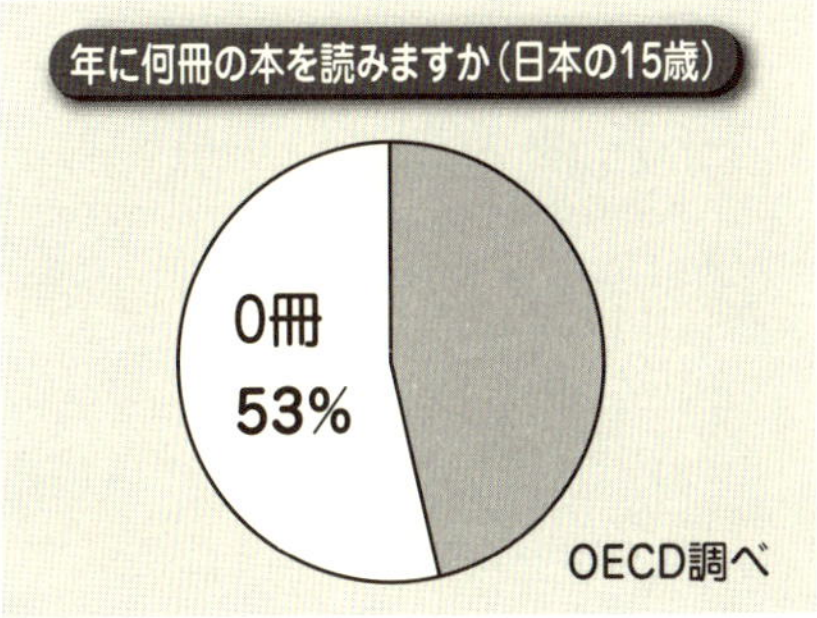

日本の15歳は、1年間に0冊という子どもが53パーセント以上を占めています。

香坂　0冊と言われると、いいのかなあという心配があります。子どもたちもそれだけ時間もないし、どれを読んだらいいかという本についての情報もそれほどないのではないでしょうか。先生にこれ読みなさいと言われて、それはなあという抵抗感があるのかなという気もします。

―― 0冊53パーセントという結果は、調査した32か国中最下位です。

香坂　世界的に最下位というと寂しいですね。もうちょっと読んでほしいです。

―― そんな中で、子どもたちが本を好きになるさまざまな試みが行われています。まずは小学校の試みからご紹介します。

「親子読書」茨城・龍ヶ崎市立長戸小学校の試み

茨城県の龍ヶ崎市にある長戸小学校は、全校児童122人です。

登校してきた子どもたちは、まず本棚へ向かいます。本棚から自分の好きな本を選んだり、家から持ってきた本を広げたりします。8時15分、全校児童が一斉に本を読む「朝の10分間読書」が始まります。

授業前の時間を利用したこの活動は、平成8年から続いています。朝の読書を始めてから6年、長戸小学校では、本好きの子どもが3倍に増えました。

さらに、2002年4月から読書に親しんでもらう新たな取り組みを始めました。

倉田先生「あした土曜日、日曜日お休みになりますので、親子読書カードを配ります。今日借りた本でもいいですし、おうちにある本でもいいですし、どこか違う図書館で借りてきた本でもいいので、おうちの人と本を読んでみてください」

新たに始まった「親子読書」。学校5日制で休みになった土曜日に親子で一緒に同じ本を読みます。学校から配られた「親子読書カード」には、それぞれが感想を書く欄があります。感動を親子で話し合うためのカードです。

金曜日、図書室は子どもたちでいっぱいになります。

2年生の本谷友里恵さんは、親子読書が始まってから選んだ本を母親と一緒に読むのを楽しみにしています。

友里恵さん「学校へ行く時かわいい女の子がいる、うふふと笑うとってもかわいい女の子、でもほんとうはおばけ！ ひゅーどろどろ。お巡りさんがきたので、助けてもらおうと思う。今日はいっぱいお客さん、おばけのパーティ始まるよ。夜中の3時はおばけの時間」

お互い読み合ったあと、友里恵さんは、早速読書カードに感想を書きこみました。

母・紀子さん「できた？　1回読んで聞かせてくれる？」

「お化けがいっぱいいて、とてもおもしろかったです。かわいいおばけやこわいおばけもいて、おもしろく読みました。みんなおばけはとってもこわそうでした。とってもおもしろそうなおばけでした」（友里恵さん）

「今度のお話は愉快なお化けの話でちょっとびっくりしました」（母・紀子さん）

母の紀子さんは、親子読書を通して、子どもの意外な一面を知ることができるといいます。

紀子さん「今まで本は私の方で選んで読ませていたんですけど、学校で借りてきますので、子どもが選んできてくれます。そうしますと子どもの興味のある本を一緒に読めるということで楽しいかなと思っています」

月曜日の朝。子どもたちは、先生の机の上に読書カードを提出します。カードの数は1か月で500枚近くになります。月に一度、集められたカードをもとに、教師全員が親子読書の成果や課題を話し合います。

提出された読書カード

北口たか子校長　「国語の授業やその他の授業で、効果があがったところは？」

大崎先生（5年）「言葉一つ一つの理解の仕方というか、気持ちの捉え方とか、多く本を読んでいる子は違いますよね」

渡辺先生（4年）「回数が増えるたびに会話文が上手になっているのは感じます」

黒田先生（3年）「お父さんと親子読書をしたという子が何人かいるんですね。その中でお父さんが幼かったころの夢を聞かせたり、これから生きていく上で、こういうときはこういうふうにしたほうがいいんじゃないかという意味で、道徳的なことを子どもに教えてあげていて、そういう意味ではすごくよかったと思います」

　高学年になると、親子読書の方法も変わってきます。

箭内登美子先生（6年）「恵梨香さんは、もう読みたくて読みたくてしょうがないみたいなんだけど、何の本を借りたの」

池田恵梨香さん「麻薬探知犬シェリー」

　六年生の池田恵梨香さんは、親子読書のおかげで、本をよく読むようになりました。

「いつもお母さんと読んでいます」（池田恵梨香さん）

　土曜日には親子それぞれで同じ本を読み、そのあと、お互いの感想を話し合います。親子にとってとても楽しみな時間です。

母・富美子さん「麻薬探知犬シェリーってすごいよね。恵梨香はどう思った」

恵梨香　「えらいと思った。アメリカの麻薬探知犬と並ぶほどすごい。シェリーが麻薬を見つけたから、麻薬で死んじゃう人が減ったわけでしょ」

母・富美子さん「そうそう」

　話し合いのあと、恵梨香さんは感想文を書きました。

「ほんの少しの麻薬も見つけるなんてすごい

と思いました。でも病気にかかってしまい、やっと治ったと思ったのにかわいそうでした。シェリーの気持ちが痛いほど伝わってきました」(恵梨香さん)

母の富美子さんも娘の成長を実感しています。

「同じ話で感動して親子で話し合えるというのがすごくよくて、娘の心の成長が見えるんですよ、すごくうれしくって」(母・富美子さん)

「私も前はマンガばっかりで、あんまり小説とか読まなかったのに、親子読書が始まってからお母さんと二人で感動する話とか動物の話とか読んでるうちに、だんだん細かい文字が書いてある本も好きになって、読書が楽しくなりました」(恵梨香さん)

■読書は親と子どものコミュニケーション

——香坂さん、長戸小学校の親子読書の取り組みはいかがですか。

香坂　意外と、親が思っていないようなことを子どもって本を通じて感じていたりするんです。

昔話の本で「こぶとりじいさん」というのを読んでいて、あれは気のいいおじいさんと悪いおじいさん、両方ともコブがあるおじいさんですが、気のいいおじいさんは鬼に好かれてコブをとってもらえて、悪いおじいさんは嫌われてコブが二つに増えてしまうという話ですよね。

ふだんから気のいいおじいさんがいい人なんだよというお話ですが、子どもは「鬼に好かれるような踊りをね、いいおじいさんは悪いおじいさんに教えてあげなかったでしょ」「だからね、それがいけないんだよ。コブを取ってもらいたいんだから、気に入られる踊りをちゃんと教えてあげなくっちゃ」と言うのです。それで、は～って感じです。親も新たな発見があったりします。子どもとの会話も、何話していいかわからなくなるときがありますから、いいきっかけになります。

――本を通しても子どもと心の交流ができるということですね。

さて、もうひとかたゲストをお迎えしています。作家の鈴木光司さんです。代表作の『リング』はアメリカでも大ヒットということです。おめでとうございます。

お嬢さまがお2人いらっしゃるということで、文壇最強の子育てパパとして、鈴木さんは親子読書の取り組みをご覧になって、いかがですか?

鈴木　親も大変だと思いますが、親子読書の何がいいかといいますと、親と子どもが同じ本を読むということだと思います。同じ本を読むと共通の話題ができます。2時間でも3時間でも、読んだ本に関してコミュニケーションを交わすことができます。そうすると香坂さんが言ったように、子どもが何を考えているかということがだんだん理解できてくるのです。その過程が僕はすばらしいと思います。子どもは子どもで、大人ってこういうふうに考えるんだということも学べます。親子読書の作業としては、感想文を書くよりも、何よりもいちばん有効なのは、親と子どもがひとつの話題で、コミュニケーションを交わせることです。これがものすごくいいなと思います。

――親子読書カードを借りてきました。

親と子どものコミュニケーションの結果のようなものですよね。

香坂　そうですね。たとえば本の題名は「目のはなし」。書いた人の名前、読んだ日、自分の感想を書いて、そしてお父さんお母さん、あるいはおじいちゃんおばあちゃん、あるいはお兄ちゃんお姉ちゃん、一緒に読んだ人の感想を書くところがあります。

ちょっと1枚紹介させていただきます。2年生の中條翔二君のカードです。中條翔二君の感想は「『目のはなし』を読んで、眼球には六本の筋肉がついているのがいちばん驚きました。小さな目を動かすために小さな筋肉が働いているんだな、と思いました」。お母さんは「翔二は、私が今目の病気をしていて先日眼科に一緒に行ったから、興味を持ったそうです。一緒に本を読んで目の構造がよくわかりました。この本を私のために借りてきてくれた翔二に感謝します」という感想です。

香坂　本の中身よりも、この本を通じて、息子さんがとても自分のことを思ってくれていたということを感じられたということだけでもすばらしいことです。

鈴木　相当コミュニケーションとれていますよね。

――鈴木さん、子どもを本好きにするためには親は何ができると思いますか。

鈴木　僕もそうでしたが、母親が本をとても楽しそうに読んでいたのです。その影響もあります。母はこんな本を読みなさい、この本を読めば役に立つよという型にはめたすすめ方はしませんでした。

僕は娘たちによい本をどんどんすすめます。いの一番に僕の本をすすめていますが、読む時期というのがありますから、「リング」は中学生くらいで読んでもいいけど、「らせん」とか「ループ」は高校生になってから読みなさいと言ってすすめています。

親がやってはいけないことは、子どもが自主的に興味を持って何かの本を手に取ったときに、「あなたこんな本を読んでも無駄よ。こちらの本を読んだほうがためになるわよ」みたいなことを言って、興味の芽を先に摘んでしまうことです。これはやってはいけないと思います。子どもはとにかく興味が広がっていきますからね。

――あくまで子どもの興味にまかせていくことが、いちばん大切なことなのです。

鈴木　本が好きになったら、最終的に必ずよい方向にいきます。

――さきほど小学校で行われている試みをご紹介しましたが、今度は中学校で行われている試みです。

「ブックトーク」「読書郵便」杉並区立松ノ木中学校の試み

東京都杉並区にある松ノ木中学校は、生徒数241人です。

毎朝8時25分から「朝の10分間読書」の時間が設けられています。この活動は、今年で23年目に入りました。読む本は生徒たちが自由に選んでいます。朝の読書によって生徒の読書量が格段に増えました。さらに勉強への集中力も高まったといいます。朝の読書が始まった当時は、全国で中学校が荒れた時期でした。しかし、この学校では地道な読書活動を続け、落ち着きを保ちました。

今、これまでの成果をもとに新たな取り組みを始めています。

国語を教える菊地純子先生は、生徒の読んだ本をみんなの前で紹介する「ブックトーク」を今年から全学年の授業に取り入れました。

添田さん「主人公のエイジは中学1年2組のふつうの男子生徒です。そんなエイジは、夏休みの近づいたある日…」

添田善貴君が紹介するのは『ぼくらの七日間戦争』という小説です。

添田さん「これです。『ぼくらの七日間戦争』は題名の通り七日間戦うことです。詳しくはあとで。はじめは息子のエイジを待っている母親の視点から始まります。この本は視点がどんどん変わるのに、自然に変わっていくので不思議なくらい読みやすいです」

ブックトークの授業では、与えられた二分という時間の中で自分が感動した本の魅力を、工夫を凝らして発表します。

添田さん「実は本人たちは、つぶれた会社のビルにたてこもっていました。そこでエイジたちはその場所を『解放区』と呼びます。敵はむかつく教師、むかつく親たち、そして市長やお偉いさん、最後は警察までやってきて、あきないこと間違いなしです。みんな勉強は好きですか？　トザキ君は？」

トザキさん「大嫌いだー！」

　素直に生きようとする主人公たちへの共感を、力強く訴えました。

添田さん「みんな、この本で元気出してください」

　井上真美さんが選んだ本は『GO』。10代の主人公が前向きに生きる姿に感動しました。

井上さん「どんな本にもメッセージが込められていると私は思います。とくにこの本『GO』のメッセージはわかりやすく、魅力を感じたので今日みなさんに紹介したいと思います。『GO』の主人公杉原君は高校生。在日朝鮮人の二世です。それまで九年間、小、中と民族系の学校、朝鮮人が通う学校に通っていて、当然高校もその民族系の学校に通うと思われていたのですが「日本の高校を受験する」「どうしたんだ急に」と親父。「広い世界を見るんだ」。親しみやすい文体で書かれていて、日本人の女の子桜井との恋愛の話、男の子同士の殴り合いのシーンもあって、おもしろく読みやすいです。もしまだ読んでいない人がいたら、必読です。杉原とその仲間が、あなたをまだ見ぬ世界へ、『GO』、連れていってくれること請け合いです」

「私がいちばんおもしろいと思った本を紹介しようと思ったんですけど、なんでおもしろいと思ったのかっていうのを伝えなきゃいけないと考えて、それはなぜなのかなぜなのかって、本を何度も読み返して、あっこういうところがおもしろいんだって気がつきました。キーワードは私の場合はあの『GO』っていうタイトルそのものなんですけど、それがわかったのが、すごくうれしかったし、楽しかったし、本のおもしろさだなと思いまし

た」（井上さん）
「自分たちの同じ趣味を持った子どもたちがこういう本もあるよとか、だいたい好みが似ている子たちが同じものを読みますから、そうすると、また新しく読んだ本を今度別の子に紹介していくという読書の輪ができていくということは、とても大切なことだと思います。つまり読書だけでない、読書から発展するコミュニケーションができてくると思います」（菊地先生）

この学校ならではの活動に、もう一つ「読書郵便」があります。

3年前に始まった「読書郵便」は、自分が読んで感動した本を友だちにすすめるための手紙です。1学期に1枚国語の時間に書きます。読書郵便を書くために本を読み、郵便を受け取った人もすすめられた本を読みます。

宮原慎吾君「僕は好きなゲームのキャラクターに出しました。『そうこの話の中心は、主人公のエイジの同級生が連続通り魔の犯人です。エイジの友情、初恋なども見物です。あなたにこのエイジをすすめます』」

冨平愛美さん「私は後ろの席のともちゃんに書きました。『こんにちはともさん、私が紹介する本は、新しい森2050年西新宿物語です。突然だけど、ともさん2050年はど

廊下に貼り出された「読書郵便」

んな世界になっていると思う？　えっと年で言ったら私たちは63歳老人の時だ。この本を読んだ後考えてみてください、あなたの２０５０年を』」

「読書郵便」は、いったん廊下に貼り出し、そのあと宛て先の友だちに渡します。

赤星純平君「おもしろい本って、友だちに伝えてあげなきゃ、やっぱりいちばん最初に、題名だけ見て読みたくなるってことはちょっとあんまり僕の中じゃありえないんですよ。だから教えてあげることはうれしいことだし、みんなに伝わって、楽しいね、これおもしろいね、こういう場面がいいよねって言えたらいいなと思って」

加藤るいさん「自分が読んでいる本がいっぱいあると言っても、それはまだごく一部だと思うので、みんなが読んだ本を知ると、ああこんな本もあったんだっていうことがいっぱいあって、新しい発見みたいなものがあったりして、おもしろい」

■本を読むきっかけづくり

――人にすすめられると読みたくなりますよね。

香坂　うれしいですよ。自分で本屋さんの本棚から一つを選び出すのって、なかなか難しい作業なんです。だからどうしても雑誌の紹介記事だとか広告だとかを見たり、だれかがおもしろいっていうと読んでみようかなって思います。

――鈴木さん『リング』もこの口コミの影響があったんですよね？

鈴木　『リング』は読むと怖いって言って、この『怖い』という口コミは伝わりやすいのです。結局、アメリカのハリウッドまで伝わってしまって、映画になってしまったのです。やはり今でも本が売れる売れないというのは、口コミの世界なのではないかと思います。だから、どこかでだれかがあの本おもしろかったよと言うと、それが無意識のところにあって、本屋さんに行ったときにすっとそこに手が伸びてしまうものなのです。

——とくにやはり女性の方が。

鈴木 女性は口コミに弱いです。

香坂 弱いかもしれない。男の子はマイペースというか、うちの子もそうですけど、恐竜の本を見てみたり、おとぎ話を見てみたり、いろいろ興味が変わります。女の子はいいって言われるとそれを全巻読んでみたり。

鈴木 うちの子なんか「ハリーポッター」を全巻読んでしまいます。

香坂 私もその一人ですけど、おもしろいというと読んでみて、読んでおもしろいと「おもしろかったよ」と人にすすめてしまう。

鈴木 女性っておもしろいものを、人に伝えたくなりやすいの。

香坂 そう、それがうれしいの。

鈴木 男の子はもう少しなんか、自分独自の頑固な世界があります。

——言葉で伝えるだけではなくて、さきほどの中学校では「読書郵便」ということを行っています。「読書郵便」を少し借りてきました。

鈴木 丁寧にきれいに書きますね。

香坂 こういう練習をしていると、将来、編集者になったりとか。

鈴木 これ、言ってみれば書評ですよね。僕も書評を頼まれたりしますが、やはり自分が読んでよいと思ったところを書評に書くというのは大変です。

——大変ですか。

鈴木　人に紹介しなくてはいけない、すすめなくてはいけないと思うと、すらっと読みとばせないですから丹念に読みます。締め切り前なら受けない仕事です。

香坂　それだけ読みこんでいるということですよね。

——しっかりと理解して、自分でなぜおもしろいかということを確かめないと人に伝えられないですね。

「ブックトーク」と「読書郵便」を見ましたが、ご紹介した小学校も中学校も共通しているのは、朝の読書の時間を設けているということです。

香坂　10分という短い時間に集中して行っていましたね。

——朝の読書は今では、全国の小、中、高1万校に広がっているということです。鈴木さん、この読書をする、あるいは学校で子どもたちを本好きにするための試みは、どんなことができると思いますか。

鈴木　いろいろなことができると思います。僕も実をいうと、作家になったきっかけは何ですかとよく聞かれたりしますが、それは小学校4年のときに読んだ宮沢賢治の伝記と答えています。先生が明日までに宮沢賢治の伝記を1冊読んできなさいと言って、宿題を与えられたのです。僕は必死になって読みました。そうしたらとても感動したのです。宮沢賢治と僕ってすごく似てるなあと勝手に思いこんでしまって。僕はけっこう思いこみが激しいものですから、それがきっかけで詩を書き始めたのです。

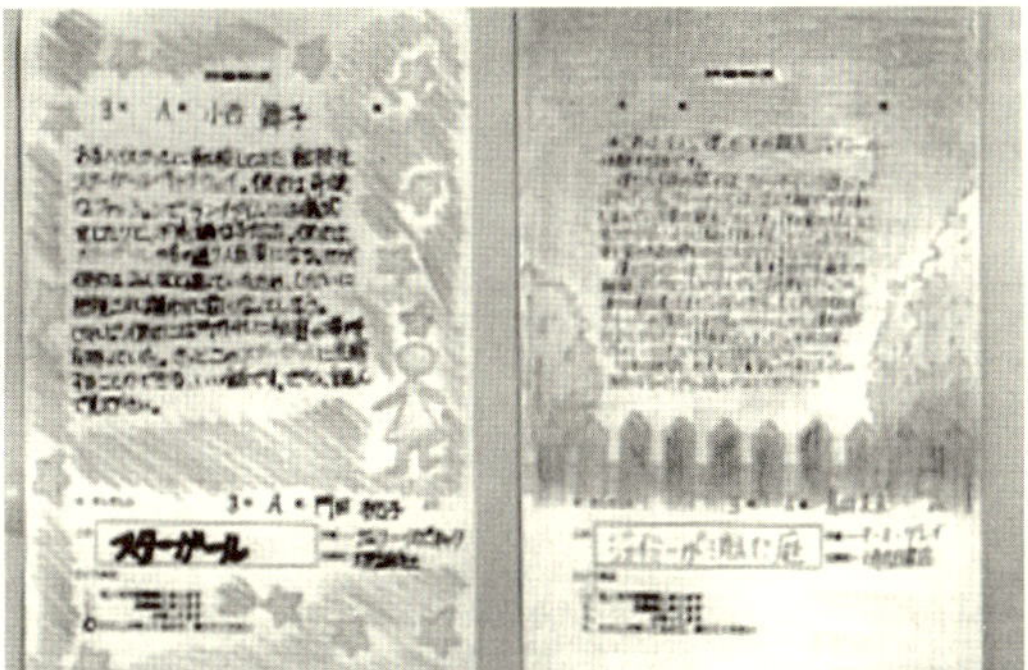

読書郵便

学校ではきっかけを与えてほしいです。きっかけさえ与えられれば、あとは本が好きになったら、子どもはどんどん自分の力で入っていけるのです。とにかくそこで僕は詩を書くことを学び、小学校6年で自分で小説を書くことを学びました。今も本にすごく親しんでいますが、宮沢賢治の本を読んできて、すごく幸福だったなあと思います。本を読むというのは、受け身的な作業だけではなくて、言語を介して書いた人間の頭の中を想像するような作業なのです。これはとても想像力が身につきます。

それから本を読んで、感想文を書いたりすることで表現することも身についてくる。想像力と表現力があったら、将来どんな仕事でも応用できます。そして人間をとても豊かにすることになる。だから、本というのはなるべくたくさん、いろいろなジャンルにわたって、読んだ方がよいと思います。

——ただ読む作業ではなくて、読んだことによって、その言葉を通じてその作家の思考とか感性などに触れることができますね。

鈴木　できます。

香坂　先生の方から宿題出されたといっても、とても感動したのは鈴木さんのほかにそんなに大勢いたわけではないかもしれない。

鈴木　40人中、僕だけかもしれないです。

香坂　でも、また違う本を出したときに、鈴木さんは感動しないかもしれないけど、だれか違う人がすごく感動するかもしれない。

鈴木　ひっかかるかもしれない。

香坂　親もそういう意味では、いろいろな本をどんどんすすめればいいのではないでしょうか。たとえば子どもがこれは読まないという本があっても、無理やり読ませるのではなくて、それならそれやめて次を読みなさいくらいの気持ちの余裕があってもいいのかもしれません。

――きっかけやチャンスをなるべくたくさん用意する。学校も用意し、そして親もそれを用意することができればいいということです。

香坂　そして、押し付けない。子どもはどうしてもこれを読めというと嫌だというところがあります。

――香坂さん、ここまで見てきてどうですか。

香坂　ほんとうに読むようになってしまうと楽しいことなのだろうけど、なかなかきっかけがなかったりするのではないでしょうか。朝学校で本を読む10分間という短い時間だけでもいいと思うし、親もおもちゃを与えるのと同じようにいろいろな本を与えて、子どもがチョイスしていけばいいということがよくわかりました。

――読書の場を広げていくということですね。

鈴木　世界が広がりますからね。

香坂　行けないところも本なら行けたりするじゃないですか。夢の世界だとか、海外もそうですし、そういうのが楽しいということが、本を読んでいるうちにきっとわかるのでは。そうすると鈴木さんみたいに、今度は自分でつくることもできるようになったりとか。

鈴木　またそれもおもしろいですよ。

香坂　広がっていきますね。

鈴木　小説を書くことによって、自分が理解できますからね。これはおもしろい作業です。

――チャンスを広げながら、こういうことを学んでほしいと押しつけたりしないことが大切です。

（２００２年11月28日放送）

学校は…④

小中連携で英語力を伸ばせ

英会話の力を育てるために、小学校と中学校が連携する試みが始まっています。小学1年生では、歌ったり踊ったりしながら言葉を覚えて英語に親しみます。5年生になると、会話でコミュニケーションをはかる練習が始まります。中学生になると道を教えたり、友だちを紹介したり、ふだんの生活で役立つ会話を練習するようになります。小学校と中学校の9年間をかけて、英語の聞く力、話す力をつけようという試みです。

小中連携はどのように進められているのか、どうすれば英語の力が伸びるのか、先進校の実践を通して考えます。

Guest commentator

白畑知彦
静岡大学教育学部教授。共著に『英語教育用語辞典』『英語の授業実践』、共訳書に『ロングマンアレクサンダー英文法』。

Guest commentator

田島みるく
漫画家。子育てマンガに『あたし天使あなた悪魔』、そのほか『とんでもママの子育て図鑑』、『出産ってやつは』、『こんにちはベトナム』など。

■英語でコミュニケーション

一般的に日本人は英語でコミュニケーションする力が、ほかの国の人々と比べて弱いといわれています。国際的な英語の試験ＴＯＥＦＬのリスニングテストの平均点をみると、日本は１５６か国中１４４位です。受験者の数が違いますので、単純な比較にはなりませんが、英語の力が弱いことがうかがえます。こうした現状の中で今、小学校と中学校が連携をして、9年間を通して子どもたちの英語のコミュニケーション能力を伸ばそうという試みが始まっています。

今日は、小学校と中学校がどのように連携していけば英語力を伸ばせるのかを考えます。ゲストは、マンガ家でエッセイストの田島みるくさんです。田島さんは小学生、中学生そして、高校生のお子さんがいらっしゃいます。ご自身の体験から子育ての漫画やエッセイをお書きになっていますが、お子さんたちの英語に対する興味はいかがでしょう。

田島　実は私は英会話が大好きなんです。数々の英会話スクールを転々としまして、去年は某英文科を受験しましたが見事に落ちました。でも英会話だけは続けています。ところが子どもが英語が駄目なのです。というのは、よく外国に行くのですが、外国では外国の人とコミュニケーションをとりたいのか、積極的に話したいという態度を見せますが、日本に帰ってきてちょっと話してごらんっていうと「嫌だ、話さない」となるのです。学校で習っていることをちょっと話してごらんと言うと「恥ずかしいから嫌だ」と言うのです。だから私は子どもの英会話のレベルがどのくらいなのか、どの程度英語がわかっているのか、全然把握していません。

――でも日本人は子どもに限らず、大人もそういうところがあります。

田島　そうですね。わが家は昔よくホームステイの男の子を受け入れていましたが、『日本人はみんなしゃべれるかなと思って来たら全然英会話ができなかった』ということも聞きました。

――でも国際化の流れの中で、これから英話でのコミュニケーション能力というのは絶対必要になってきます。

そこで文部科学省は、小学校で国際理解の一環として、英会話などを教えることを認めるようになりました。小学校と中学校が連携して英語の力を伸ばそうという研究が、東京や広島など全国9か所で行われています。

小中連携がどのように行われているのか、静岡県の小学校と中学校の取り組みをご紹介しましょう。

小中連携で英会話力が伸びた

富士山のふもとにある、静岡県富士市立元吉原小学校では、2年前から、中学校と連携して英会話の授業に取り組んできました。

1年から4年までは、歌ったり踊ったりしながら英語に親しみます。1から10までの数を英語ではどう言うか。楽しく覚えるために、体を動かしながら英語で数を教えます。

1年生の授業です。

生徒たち「one two three four five six」

先生「OK, Good.」

5年生になると英語でコミュニケーションする練習が始まります。

女子生徒「What do you want for X'mas?」

男子生徒「I want a robot.」

クリスマスのプレゼントに何がほしいか、英語で話す練習です。人形を回すゲーム。音

人形を回すゲーム

楽が止まったときにサンタクロースの人形を持っている人が英語でたずねます。

女子生徒「What do you want for X'mas?」

女子生徒「I want shoes.」

先生「I want shoes. All right.」

生徒1 すっごく楽しい

生徒2 楽しく教えてくれるからいつのまにか覚えていて楽しいです

生徒3 今まで勉強してきたのを家やいろいろなところで活用できるのが楽しいです。サラダ取ってって言うとき、SALAD PLEASEとか言う

元吉原小学校は中学校と連携して、9年間で英会話の力を伸ばそうとしています。9年を3段階に分けています。小学1年から4年までは「初期」。英語に親しみ、簡単な単語や挨拶を覚えます。小学5年から中学1年までが「中期」。英語に慣れ、基礎的な会話ができるようにします。中学2、3年は「後期」。普段の生活で使う英会話を身につけます。

正確な発音を覚えるために5年生からは文字を使います。文字の組み合わせで発音がどう変わるか、目と耳を使って練習します。

5年生になると、文字に対する興味がわいてくる一方、「うまく発音できないと恥ずかしい」と思う気持ちが芽生えてきます。そこで、文字と発音を結び付け、自信を持って会話ができるようにします。

フィリピン出身のフェ・クラトミ先生は、指導助手として5、6年生に英会話を教えています。フェ先生は、中学でも教えていて、小中連携の要の役割を果たしています。小学校で授業をした次の日、フェ先生は元吉原中学校にやってきました。

先生「Hi! Good morning.」

生徒「Good morning.」

フェ先生が受け持っているのは1年生です。

去年、小学校で教えていた子どもたちです。

生徒「Excuse me. I wanna go to Watanabe's house. It's near the hospital.」

この日は、道を訊ねたり案内したりする会話を練習しました。手書きの地図の中の一件の家、そこまでの道順を生徒同士が英語で教え合います。その家が見つかったら、探し当てた生徒がフェ先生に報告します。

生徒「The second house on your right.」

先生「All right.」

生徒「Pretty teacher, thank you.」

先生「You are welcome, pretty student.」

何げない会話もすべて英語です。

生徒1　慣れた先生だからとても話しやすいし、わかりやすいです

生徒2　やっぱり同じ先生の方がしゃべりやすいし、とても詳しく教えてくれます

「子どもたちがどう変わったかということですが、中学生になっても彼らはそんなに変わりません。私のことを知っているので、私に安心感を持っています。話しかけるのに躊躇しません。私も同じように安心して彼らに話をします。中学生になるとみんな少しおとなしくなって何事にも恥ずかしがります。小学校でははしゃいでふざけていても、私にたいしては変わりませんね」（フェ先生）

元吉原中学校の生徒へのアンケートです。

「英会話の授業は楽しいですか」と聞いたところ、「楽しい」「まあまあ楽しい」と答えた生徒が9割以上でした。その理由としていちばん多かったのは「英語でコミュニケーション

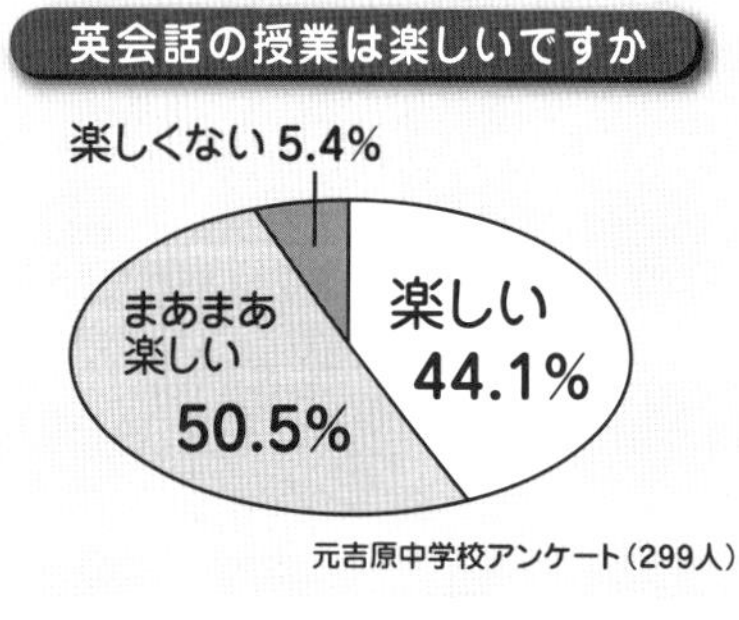

できるようになったから」でした。

小中連携の取り組みを始めてから、普段の英語の授業にも少しずつ変化が出ています。文法を教えるときにも、大半は英語を使うようになりました。

先生「Open your books page to 70.」

生徒は英語に自信を持つようになりました。英語検定を積極的に受け、合格者も増えています。

「中学校で英語を始めた生徒は、初めての教科ということがあって、非常に期待もあるんですけど、不安感を持っていたように思います。小学校からやってきた生徒は、アンケート結果にも表れているんですが、英語に対しての不安をあまり覚えずにすんなり中学校の授業に入れたという生徒が多いんですね。最初から英語で質問しても英語で答えたり、そういう反応がスムーズにいっているように思います」（元吉原中学校　山下美知子先生）

■小中連携の仕組み

――小学校と中学校が連携して取り組む英会話の授業をご覧になっていかがでしたか？

田島　すばらしいです。子どもって、いかに英語が楽しいかと興味をひきだすと、伸びるじゃないですか。だから小さいときから楽しいものだと教えてあげると、あとになっても伸びるのではないでしょうか。

――さて、もうひとかたゲストです。静岡大学教育学部教授で、英語教育がご専門の白畑知彦さんです。白畑さんは、元吉原小学校と中学校の連携に、研究者としてアドバイスをしていらっしゃいます。この小中連携で、どんな効果が期待できますか？

白畑　たくさんある中の三つをあげさせてください。一つは中学校での内容を小学校である程度できるわけですから、中学校3年間の内容を9年間でゆっくり行うことができる、ゆとりある教育ということが、考えられます。

二つ目は、中学校の教科書では制限があってなかなか出てこなかったような、日常よく使う語彙とか表現をふんだんに取り入れて、授業に生かせることができることです。三つ目は、態度面。小さいころから外国の方と触れ合うことによって、変なコンプレックスがない、それから楽しい、英語が大好きだというような動機づけにもなります。

―― 9年間を見越してという話がありましたが、元吉原小中学校の取り組みでも、小、中9年間を三つの期間に分けています。この三つの分け方とはどういう考え方からきたものですか?

白畑 いろいろ模索した結果でして、これからもまた変わるかもしれません。一つの結論としては、自己中心的なところからしだいに客観視できるまで、児童の発達のレベルに合わせて三段階に分けているという発想です。

―― 小学校1年生から4年生というのは自己中心的な時期ということですね。

白畑 そうです。その後、しだいに自己を客観視できるような段階に入ります。

―― 小学校5年生くらいから中学校1年生くらいまでがそういう時期なんでしょうか。

白畑 はい。それからもうほとんど大人と近くなるような感じの、中学2年生、3年生ということで、3段階に分けました。

―― 小学校5年生くらいになるとそろそろ恥ずかしいと感じることも出てきます。そこをスムーズにうまくいけるかどうかということになりますね。

白畑 前の段階からやっておくと、恥ずかしいと思う気持ちがあまり出てこないのではないかということ

元吉原小学校・元吉原中学校 連携のしくみ

小1～小4	小5～中1	中2・3
初期	中期	後期
英語に親しむ	英語に慣れる	英語を使う

で、小学校1年生から4年生までの役割も重要です。

—— 田島さんいかがですか。

田島 低学年の子どもというのは物おじしないということで、早くから教えた方がいいということですか?

白畑 態度面からいえばそうかもしれません。しかし、言葉の学習に関しては、何歳から始めるのがもっともよいかということに関して、結論のようなものは出ていません。ですから中学1年生から始めても、決して遅くはないのです。やり方次第ではとても上達します。小学校1年生からやるメリットというのは、いろいろなものがあって、それなりに効果があります。ただ、1年生からやらなくてはいけないと決めつけてしまうのも、どうかと思います。

—— やり方ということですね。少なくとも、我々の世代のように、いきなり中学に入ってThis is a pen. から始めるよりはかなりよさそうです。

田島 そうですね。

—— でも今はまだ試みの段階とみてよいですか?

白畑 はい。これがほんとうによいかどうかというのは、あとでわかることです。みなさんに披露していくということで、試行錯誤している最中です。

—— その試行錯誤がかなり大変そうですね。

白畑 大変です。

――元吉原小学校と中学校が小中連携の効果をあげるために試行錯誤している様子をまとめました。

試行錯誤から

小中連携の取り組みが始まって2年半の12月はじめ、2学期の英会話の授業内容を検討するため、小中学校の教師たちが集まりました。授業をどう組み立て、どんな表現を教えるか、これまで何度も話し合いを重ねてきました。

小学校で英語を教える檜木小重美先生です。以前は中学校の英語教師でした。小中連携の授業計画を中心になって作ってきました。

当初、小学校の授業には中学1年の教科書から抜き出した会話を使っていました。

しかし、子どもたちの声は小さく、活気のある授業がなかなかできませんでした。

「いちばんの問題は子どもたちに英語を学習する必要性がないってことです。英語の勉強をしたいなって思うモチベーションみたいなものがほとんどないに近いんじゃないでしょうか。なので、英語をしゃべってみたいなって思わせたいなと思っているのです」（檜木先生）

どうしたら、子どもたちが英会話に興味を持ってくれるか。まず、子どもたちが関心を持っていることを知ろうと、小学校の全校児童にアンケートを取りました。

「休みの時間はどこで遊びますか」と聞くと「教室」「中庭」「運動場」などの答えが返ってきました。「何をして遊びますか」と聞くと「絵をかく」「鬼ごっこ」「虫とり」など。

また「今、興味があることは?」という質問には「カードの交換」や「シール集め」

「クワガタ」などという答え。子どもたちが何に興味を持っているか、見えてきました。

次に、子どもたちの関心をひく「言葉」をアンケートの答えの中から集め、英会話の授業に取り入れる工夫をしました。

生徒たち「Watch, watch. I want a watch. MDplayer, MDplayer. I want a MDplayer.」

「手を変え品を変え、いろんなことをやっています。外国人がいないので試すチャンスがない。相手が日本人で仲よしの友だちだとよけいに日本語でしゃべりたくなっちゃうので、外国人の顔が描かれたカードを用意しまして、これを首からかけた子は、外国人になりましたという設定をします。こうして日本語ではなく、英語を使わなきゃという設定をつくり、工夫もしています」(檜木先生)

檜木先生たちが1年半をかけて作った小中9年間の授業計画があります。

4月から3月まで1年間を通じて、友だちと仲よくなっていくストーリーです。「一緒に出掛けよう」「家に遊びにおいで」など、月ごとに会話の場面が決まっています。この場面設定は小学1年から中学3年まで同じにしてあります。学年が上がるごとに会話の内容を膨らませ、学んだことを積み上げていくのです。
クリスマスがある12月は「パーティをしよう」という場面設定です。小学1年生では、「プレゼントを数えよう」と英語の数を覚えます。
生徒たち「one two three four five six seven eight nine ten.」
先生「OK, very good.」
5年生になると、「クリスマスプレゼントに何が欲しいのか?」二人一組になって訊ね合います。
生徒「What do you want for X'mas?」

生徒「I want a doll.」
生徒「Here you are.」
生徒「Thank you.」
生徒「Bye.」
　中学2年生になると「一緒にクリスマスパーティを開こう」と話し合う会話を練習します。

プレゼントを数えよう（小学1年生）

生徒「Tommy have X'mas party on Monday.」
生徒「What shall I bring?」
生徒「How about some drinks?」
生徒「OK, See you then.」
生徒「Thank you.」
　学年が上がるにつれ、英会話の表現が豊か

一緒にクリスマスパーティを開こう（中学2年生）

になっていく仕組みです。「いろいろな場面でできるコミュニケーションを、表現をやりたかったんです。仲よくなっていく、これがコミュニケーションのいちばん楽しいことですよね」（檜木先生）

■小中連携の課題と可能性

――田島さん、先生たちの試行錯誤の様子をご覧になっていかがですか。

田島　やっぱりThis is a pen.ではなくて、Hi, I am なんとかから始まらないと英会話ってだめだと思います。9年というのは、わりと長いカリキュラムじゃないですか。その中で、どこかでつまずいたときにそれからずーっと英語が嫌いになるのではないかなということも不安でした。でも先生と子どもたちのコミュニケーションがすごくよくとれていて、みんな英語が好きだ楽しいと言っています。それはすごく大事なことです。やはり先生ひとつで嫌いになったり、大好きになったりしますからね。

――まず好きにさせていくというのが全面に出ていました。

田島　好きにさせていくというカリキュラムから始まっているということが、すごいと思いました。

――実際に元吉原小中学校でも、子どもたちの反応に合わせていろいろな表現を増やしたり減らしたり、まさに授業計画を変えながら一生懸命やっているそうです。白畑さん、この授業計画づくりのポイントというのは、どのへんになりますか。

白畑　縦で考えているということです。1年間の横のカリキュラムというより、9年間を通した縦のカリキュラムで考えているということが、特色です。

たとえば「あいさつをしよう」という単元があったとすると、その単元は小学校1年生から中学校3年生まであります。そのかわり、しだいに内容が濃いものになっていくということです。小学校1、2年生のときには、ほんとうに簡単なあいさつができればいい、そこだけでもまず目標にしよう。そして次の年には、それよりもう少し情報を増やしたようなあいさつができればいい。ということで最終的には中学3年生のときにいろいろなあいさつの仕方、パーティのときに使うようなあいさつの仕方まで学習できている縦割りのカリキュラムを考えたということが、特色です。

——一つ終わったらもう終わりというのではなくて、そのことを何年間も繰り返しながら深めていくということですね。

白畑 はい。子どもたちには覚えなさいという無理強いはしていないものですから、もしかしたら次の日に忘れているかもしれません。ですが1年後にまた同じような表現を土台にして、新しい表現を学ぶことができますので、前やったなという記憶があるわけです。それに加えて新しい表現を覚えていきましょう、という取り組みになっています。無理して覚えさせない。強制させない。繰り返し繰り返し表現が出てくるという特徴があります。

——それから身近な題材をうまく使っていますね。

白畑 子どもたちの視点に立った、子どもたちが何を欲しているかということを重視したカリキュラム構成になっています。

田島 こんなによいカリキュラムでしたら、うちの地域でもぜひ取り入れてほしいのですが、難しいのでしょうか。

白畑 できないことはないです。まず市町村単位で、教育委員会にしっかりご理解願って、教育委員会からいろいろな学校に、こういうことをやりたいと具体的なことが伝わっていけば、小中連携というのは、小学校が2、3校集まって一つの中学校に行く場合でも、できるのではないかと思います。

白畑　――小中連携のポイントというのは、やはり難しいですか。

いいえ、そんなことはありません。小学校の先生が中学校に定期的に行って教えるというのは難しいかもしれませんが、月に1回とか2か月に1回とかはできるかもしれません。もっと簡単なことは、先生方がお互いに話し合いを持つということです。週末や夏休みを利用してグループでミーティングを持ってもいいです。お互いに、どんなことをやっているのか、どんな問題があるのかということを話し合っていくことが大事です。それだけでもずいぶん効果があると私は思っています。

白畑　――この研究校の取り組みの情報を、ぜひ全国に教えてほしいですね。

そうですね。資料などを取り寄せることもできると思いますし、全国の研究開発学校ではみなさんがおやりになったノウハウを、他のみなさんに知らせていただきたいと思います。

田島　――田島さんご覧になってきていかがですか。

躊躇することなく外国人の方と話ができる状況を作っていただけるというのは、すごくありがたいことだと思います。

田島　――こういう方向に進んでいっているのは、親の世代としてはうれしいですね。

うれしいですし、ほんとうに画期的なことだと思います。

白畑　日本の英語教育もだんだん変わってきています。

（2002年12月19日放送）

英語、英語というけれど
～途上国から学ぶ総合学習～

NHK解説委員　早川信夫

国際化が叫ばれ、「話せる英語」の授業が盛んですが、外国人と英語で会話ができればそれでよいのか、何のために世界の人たちと会話をすることが求められるのかというその先の議論になると途端に答えが見失われがちです。皆さんは、どうお考えになるでしょうか。私は2002年の4月から始まった「総合的な学習の時間」を使って取り組まれている途上国の人々の暮らしや文化から学ぼうという授業に注目しています。

これは「開発教育」と呼ばれるものです。途上国の支援に取り組む人たちから活動の体験を聞いたり、実際に使われている生活道具や衣類に触れたりすることで、途上国についての理解を深めてもらおうというものです。もともとはボランティアとして途上国に出かけた欧米の若者が1960年代に提唱して始めました。初めは途上国への援助の大切さを知らせることに力点が置かれていましたが、次第に途上国と自分たちとのつながりを考え、さらには地球全体のあり方について考えようと変わってきました。日本の学校で取り組まれるようになったのは20年あまり前のことです。まだ一部の取り組みにとどまっていますが、総合学習のスタートで体験型の国際理解教育の一つとして注目されるようになりました。ボランティアとして活動してきたNGOの人たちに先生になってもらえば、「開かれた学校づくり」にもふさわしいというわけです。

実際にどんな授業が行われているのか、横浜市立平楽中学校の例を紹介しましょう。この学校では、4年前（1999年）から総合学習を先取りして国際理解の授業に取り組んでいます。去年（2002年）は、6月から7月にかけての15時間がこの授業に割り当てられました。ガイダンス的な授業をしたあと、先生たちはある一日の授業をNGOの人たちに明け渡しました。講師は、フィリピンやカンボジアなどで活動する9つのNGOの人たち20人、授業は、1・2年生はクラスごとに、3年生は希望するコースごとに分かれて全校一斉に行われました。

バングラデシュをテーマにした3年生の授業では、現地の写真を見て、グループごとに気づいたことを話し合いました。NGOの人が現地で撮ってきた写真を見ながら、どうして女性が写っていないのだろうか、人が乗りきれないぐらいの船になぜ牛が乗っているのだろうかと意見を出し合いました。今の子どもたちは考える力が弱いと言われますが、どうしてどうして活発な意見が交わされました。何よりも、いろいろと想像を巡らしているのには驚かされました。続いて、NGOの人たちがつくった教材を使った授業へと進んでいきます。バングラデシュの農村の集落を福笑いのようにして完成させようというゲームです。家や納屋、家畜、井戸は集落のどこに位置するのだろうかと考えながら絵を貼り付けていきます。何気なく豚の絵を置いてしまい「イスラム教では豚は飼わないんじゃないか」と友だちに言われてはずしたりとにぎやかに盛り上がっていました。あるグループは、トイレをどこに置くかでもめていました。「どうやって座るんだ」という疑問に「あっちを向く」「こっちを向く」と意見が出されましたが、だれかが「これぽっとん式じゃないのか」と言い出して初めて水洗でないことに気づきました。こうやって自分たちが当たり前に思っている便利な暮らしとの落差を感じ取っていました。

こうした授業を通じて生徒たちは学びの入り口にたどり着いたように感じました。例えば、水の汚れが気になった生徒は環境問題に興味を持ったと話していました。文字が読めないことで損をすると気づいた生徒はもっとちゃんと国語を勉強しなくてはと言っていました。自分が知らない世界があることを知ることが次の学びのきっかけになったようです。その意味では、こうした刺激を次にどうつなげるのかが課題になります。

この学校では、この授業を通じて考えたことを原稿にまとめ、スピーチコンテストに発展させていました。およそ1か月後に行われた全校の大会では、各学年の代表10人が発表をしました。1年の男子生徒は「最初国際学習と言われたときはどうでもいいと思ったが、バングラデシュの話を聞いたりするうちにそんな思いは吹き飛んだ。自分より小さい子が父親が死んでしまったから自分が働かなくてはと言っていたことに驚いた。ゲーム買ってとわがままを言っている自分が恥ずかしくなった」と発表しました。また小学校でいじめを受けたことがあるという1年の女子生徒は「世界にはいろんな国があっていろんな生き方をする人たちがいる、みんな違っていいんだとわかった。お互いにわかりあって仲良くすればいいんだと気づいた」と発表しました。子どもたちは遠い存在の途上国を理解することで、自分たちの足元を見つめられるようになりました。人になぜやさしくする必要があるのかが感じ取れたようです。この学校はかつて校内暴力が吹き荒れたことがあったそうですが、今は沈静化しています。学校の努力はもちろんですが、途上国から学ぶ授業に取り組んだことが、その一助となったように感じました。

ただ、こうした授業はやればよいというものではなく、うまく運ぶにはやはり周到な準備が必要です。NGOの人からよく聞く話ですが、「何でもいいから来て話をしてくれ」という学校もあるということです。この学校では、あらかじめ先生たちがNGOの人たちの生徒になって理解につとめようと努力しました。こうした過程を経ることが不可欠です。また、NGOの人たちが授業をしている間、先生たちが「どんなことをしているのか」と教室から教室へと行きかっていたのが印象的でした。先生が学ぼうとする姿勢が大事です。さらに、次への展開がカギ。生徒が感じた疑問をどう発展させるかです。スピーチコンテストはそうした工夫の一つです。イギリスでは、去年（2002年）から中学校で「開発教育」を発展させた「シティズンシップ教育」の時間が必修になりました。多民族化が進む中で、子どもたちに地球に生きる一人の市民としての生き方を考えてもらおうというものです。日本でも、こうした教育を通じて、子どもたちがお互いの違いを認め合い、ひいてはいじめや校内暴力についても考えるようになることを期待したいと思います。会話を身につけるためだけに英語を学ぶわけではないのです。

学校は…⑤
フリーター・ゼロをめざせ！

職に就かずアルバイトなどで暮らす若者、いわゆるフリーターが増え続けています。その数は、200万人を超えたといわれています。

こうしたなか、フリーターを少しでも減らすための教育現場の取り組みが、各地で始まっています。都内にある高校では、パソコンの使い方や、福祉について学ぶカリキュラムを導入しました。将来の職業を高校生活のなかで考えさせることで、フリーター・ゼロをめざしています。

進路の選択に揺れる生徒に向き合う教師たちの姿から、フリーターを減らすためのヒントを探ります。

Guest commentator

マルシア
ブラジルサンパウロ出身。17歳までブラジルで育つ。その後来日して歌手・タレントとして活躍中。ブラジルの大学では建築を専攻し、建築家を志していた。現在、5歳の女児の母。

Guest commentator

小杉礼子
日本労働研究機構主任研究員。教育社会学、進路指導論担当。共著に『教育と能力開発』、『変わる若者と職業世界』、著書に『フリーターという生き方』。

■何をしていいかわからないモラトリアム型

9月に高校生の就職試験が解禁になりました。すでに内定を決めたり、就職活動の真っ最中の方も多いと思います。しかし一方で最近では、職に就かず、アルバイトなどで暮らす若者、いわゆるフリーターの数が増え続けています。そこで、フリーターを減らす教育現場の試みについてみてみたいと思います。ゲストは歌手のマルシアさんです。

フリーターという言葉から受ける印象は、いかがですか?

マルシア　フリーターと聞くと、あまりよくないイメージがありますが、別な角度から見ると、何もしないよりはいいのではないかな、と思います。

——何もしないよりは、とりあえず仕事をしているということですね。

マルシア　そうです、その中から目的を見つければ、よりよいと思います。

——しかしそのフリーターの数が非常に増えています。

２００1年には２００万人を超えました。10年前の92年と比べると、およそ2倍になっているのです。高校卒業後にすぐフリーターになる人もいますし、大学、専門学校に入って中退したり、あるいは就職してやめてしまったりという形でフリーターになる場合もあります。

高校卒業後にフリーターになった人が、実に１４０万人。すごい数です。

マルシア　２００万人といったら、大都市、ひとつの国ができる数ですね?

——はい。今日は、もうひとかたゲストをお迎えしています。日本労働研究機構主任研究員の小杉礼子さんです。

フリーターという言葉は、一部の若者の間では格好良い響きだと思われているかもしれませんが、普通のサラリーマンと比べると不安定です。

小杉　正社員と比べればいろいろ悪い点があります。まず第一に、アルバイトですから仕事の内容がすぐできることに限られます。ということ

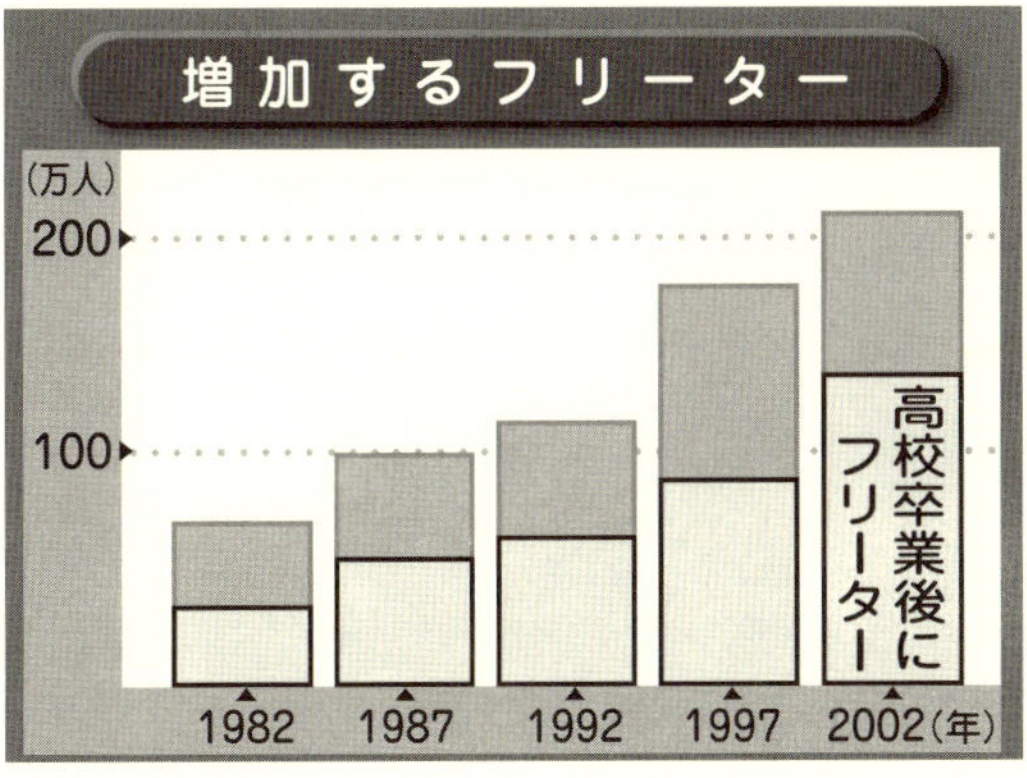

は、本人の中に将来につながるような力が身につきません。職業能力が身につかないということです。二つめは、安定した雇用ではないですから、将来の設計がぜんぜんできないわけです。それで不安定で不安になります。それからもう一つは社会保障の枠組みです。正社員になって初めて保障や保険の制度が適用されるわけで、本人がきちんとすればいいのですが、なかなかしない場合もあって、社会的な保障とか保険というものから抜け落ちてしまう可能性があります。

フリーターになった理由は、小杉さんのところで調べていただいたデータがあります。

小杉 東京都の若者に聞いた調査ですが、フリーターになった人たちの意識からすると、まず「モラトリアム」型。何をしていいかわからない、もうしばらく考えたいということで、先に延ばすという意味で「モラトリアム」。だからフリーターなんだというタイプです。次は「やむを得ず」型。これは実際就職試験を受けたりしたけれど、うまくいかなかった。だからアルバイトをしている人たちです。そして最後が「夢追求」型。昔からあるパターンで何かやりたいことがあって、舞台とか芸術とか芸能とか、そのためにしばらくアルバイトをしながら、その活動をするというタイプです。

そのなかで、本人の意識ということで問題になるのが「モラトリアム」型、つまりやりたいことをしたいのですが、何をしていいのかわからないというタイプです。これは実は何もフリーターになって考えなくてもいいわけです。そういう意味では、高校での取り組みが非常に重要になってきます。

高校生の段階から将来の職業についてやりたいことを探させて、フリーター・ゼロをめざして取り組みをしている普通科高校をご紹介しましょう。

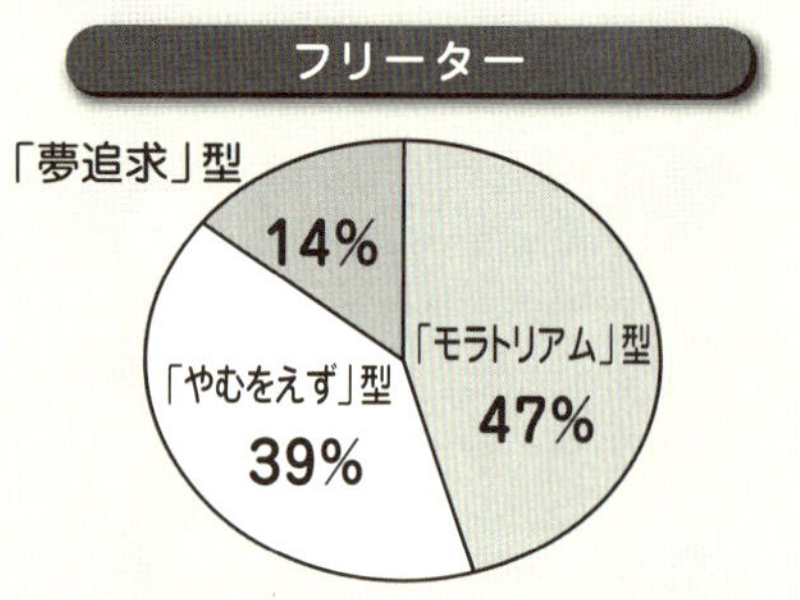

フリーター・ゼロへの挑戦〜足立新田高校鈴木校長の4年間の取り組み

隅田川のほとりに立つ東京都立足立新田高校、生徒数は698人です。卒業生は大学や専門学校へ進学する人と就職する人、そしてフリーターになる人に大きく分かれています。

この高校ではかつて、多くの生徒が卒業せずに中退していきました。5年前には、入学した生徒のうち、半数が中退しました。そのほとんどがフリーターになったのです。

5年前に着任した鈴木高弘校長は、当時の学校の実状に衝撃を受け、フリーターを減らすための改革に乗り出しました。鈴木校長がまず取り組んだのは、中退する生徒を減らすことでした。それが結果としてフリーターを減らすことにつながるからです。なぜ中退してしまうのか、生徒たちに直接話を聞きました。生徒の多くは、授業がわからないと口にしました。さらに鈴木校長は、授業をどう思うか、全校生徒に毎年、アンケートをとるようにしました。その結果、授業が興味を引く内容になっていないから生徒は中退するのではないか、と考えました。

鈴木校長は、授業の改善をはかることにしました。自ら教室を訪れ、授業を観察して教師にアドバイスします。

教師たちも、改革に協力して、わかりやすい授業にするための努力を続けています。鈴木校長は声が教室に届いているか、板書はわかりやすいか、教材を工夫しているか、生徒とコミュニケーションがとれているか、など八つの点について観察します。授業後、観察メモをもとに、教師と改善点を話し合います。

鈴木校長「先生は江戸っ子だから、話のテンポが早いのね。私も早いんだけど、もうちょっと噛んで含めるような言い方をしたり、テンポ早めたり、怒鳴ったりということも必要かもしれないね」
先生「少しずつ学んでいきます」
鈴木校長「授業の工夫がそのまま反映して、生徒からの反応を呼び起こすような形に変わってきていると思います。だから、工夫をすればするほど生徒たちもさらに変わるわけです」
　授業の改善によって、中退する生徒は大きく減りました。もっとも中退が多い1年生で、昨年度やめた生徒は、11人にとどまりました。
　鈴木校長が次に取り組んだのは、卒業後にフリーターになる生徒を減らすことでした。折に触れて、教壇に立ち、フリーターの問題点を生徒に話しています。
鈴木校長「この200万人のフリーターの人たちは、基本的にこの店で何かやったり、ちょっとまずいことがあったりすると、すぐ首になる。するとどうするかというと、またコンビニを探してアルバイトしなければならない」

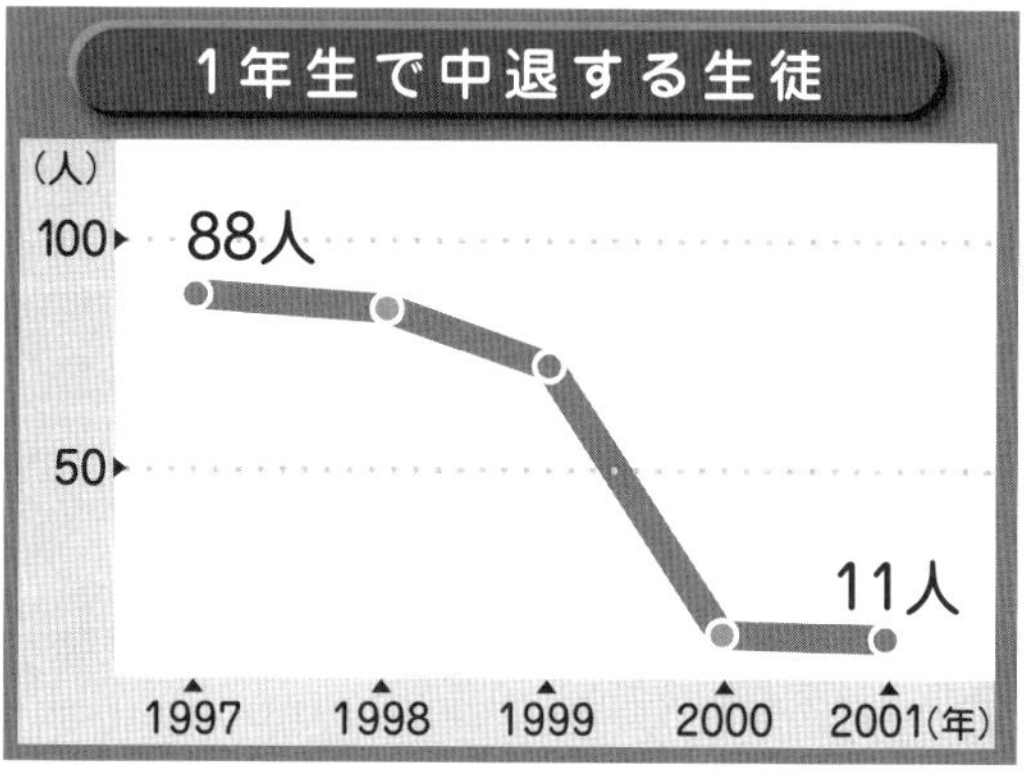

　さらに3年前から独自のカリキュラムを始め、将来の進路を生徒自らに考えさせています。たとえば、情報ビジネスの授業では、パソコンの扱い方を教えます。
　コンピュータに興味のある生徒や、IT関連の職業に就きたい生徒が、週に6時間、学んでいます。

福祉関係の仕事に進みたい生徒のためのカリキュラムもあります。車椅子に乗った人の介助や手話の習得、介護用ベッドの使い方などを学びます。また、スポーツやトレーニングの仕方について学ぶカリキュラムもあります。

これらの中からひとつを選んで学ぶなかで、生徒は将来の進路を考えていきます。

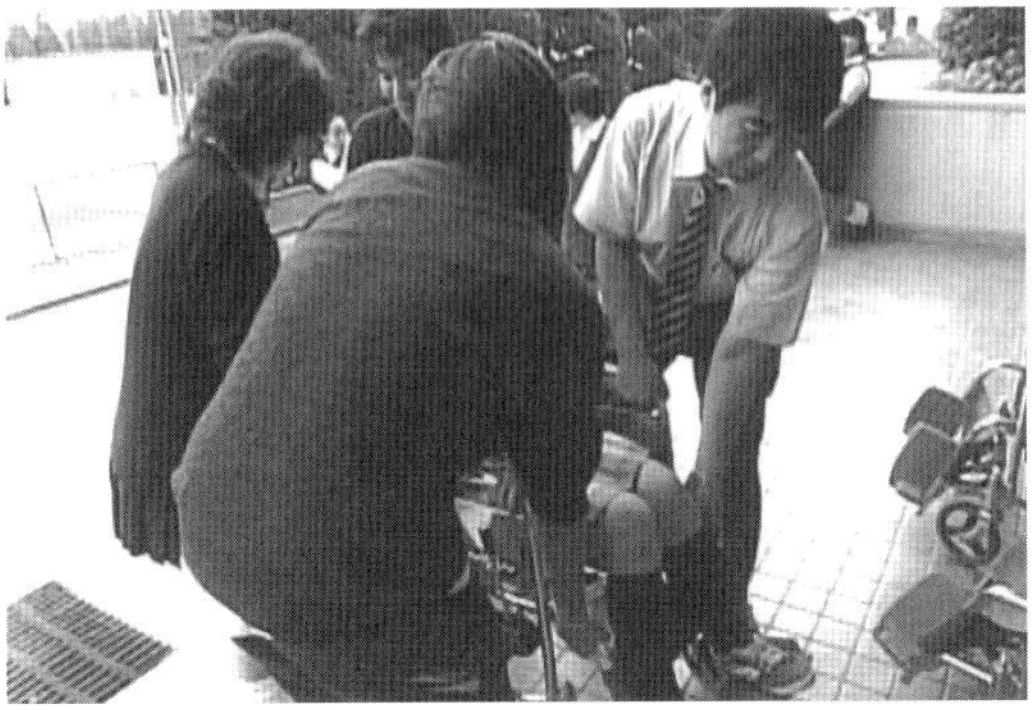

福祉関係の授業

生徒 中学のときから福祉関係の仕事がしたかったので、こういう授業をやってくれるとすごく学校も楽しいし進路にも役立っていると思います

生徒 パソコンを使ったりする仕事に就こうと思っているので、いろいろなことを習っておいたほうが将来のためにも役立つと思って、すごく便利に思っています

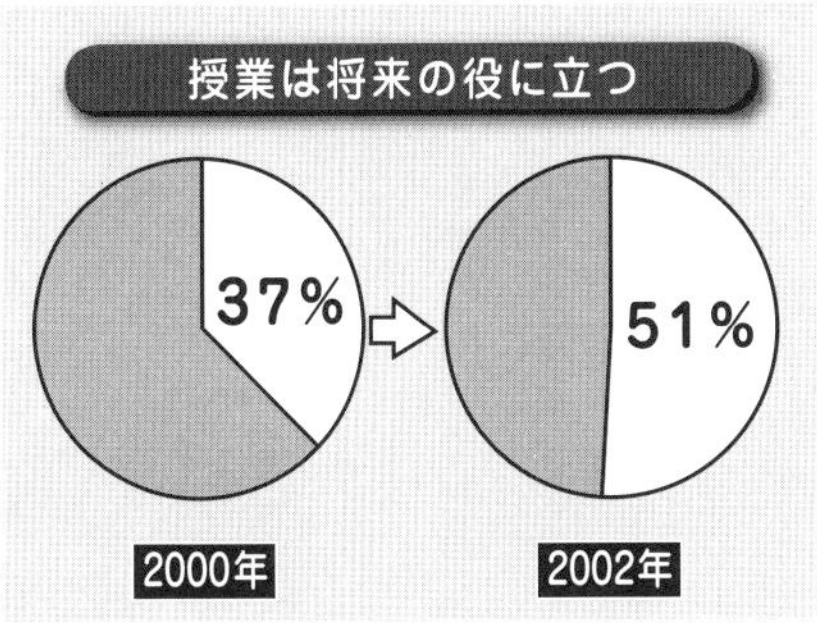

授業について聞いた生徒へのアンケート結果では、授業は将来の役に立つか、という問いに、そう思うと答えた生徒は2年前は37パー

セントでした。今年は51パーセントに増えています。

　改革が進む足立新田高校ですが、卒業後、フリーターになる生徒は、なかなか減りません。*２００1年度の卒業生のうち、就職も進学もしなかった生徒は、全体の44パーセントにのぼりました。

　就職事情が厳しさを増すなか、鈴木校長は今、新たな改革を進めようとしています。福祉の授業を通して、ホームヘルパー2級の資格をとれるようにするための準備を進めているのです。資格をとることが、就職に有利に働くのではないか、と考えているからです。

「やはり夢を持たせる。こういうような形で学校で勉強すれば、その先には必ず夢まで届く道があるんだと。その希望を失わせないような教育システムづくり、学校づくりがこれからは大切だと思います」（鈴木校長）

＊2002年度の卒業生では27.4パーセントまで減りました。

■社会に出て役に立つ勉強

――まず中退者をなくし、夢を持たせるための努力、実習などもいろいろと取り組んでいますが、いかがですか、マルシアさん。

マルシア　とてもいいと思います。私がブラジルで通っていた高校と共通点があります。1年生のときに、2年、3年になって何をやりたいかという演目を選びます。演目は三つ、ノーマルとケミカル、そして建築です。私は建築を選びました。建築という意味はよくわからなかったのですが、頭の片隅でやってみたい、おもしろいかな、と思っていたのです。それでやってみたら、すごくおもしろいし楽しい。実際に現場へ行って、いろいろなものを測ったりして大変でしたが、それがどこか自分の夢や目標をつくってくれたところがあります。だからちょっと似ています。

マルシア——実際現場を見て、やりたいことを再確認したわけですね。自信になったところがあります。

小杉——小杉さん、この中退者を減らそうという取り組みは、成果を挙げていますよね。

はい、中退というのはやはりいちばんフリーターになりやすいのです。卒業するときは就職斡旋がありますが、中退のときはないですから、とりあえずアルバイトに、という流れにどうしてもなってしまいます。

中退を減らすために、毎日の授業がわかっておもしろいということは、大事な要素です。それから将来のために役に立つということがわかる、これも大事な要素です。授業がわかる、かつ役に立つ、これがわかればだれだって勉強します。

——あとはその過程で自分が何をやりたいのか、ということを考えさせるというのが、これからいちばん難しくなってきます。

小杉——それが重要なところです。フリーターになるいちばん大きな理由が、実は『やりたいことを探したい』なのです。ところがフリーターをやめた人たちがなぜやめたかというと、『やりたいことが見つかったから』というのは2割しかいません。多くの人はもういいかげん年だから、フリーターは損だからという理由でやめているのです。ですからやりたいことを考えるのを支援していくことは、とても大事なことだと思います。

——フリーターになって考えるより、なる前に考えていったほうが、より見つけやすいですよね。

小杉——ほんとうにそうです。

——実際、足立新田高校では、ホームヘルパー2級の資格のように、役立つ資格をとらせようと新しい取り組みを始めています。

小杉——実際に役立つ資格を学校で取るということは、その連続性がはっきりしています。学校で勉強していくのは、社会に出てどれだけ役に立つかということがよくわかります。仮にフリーターになったとしても、資格をもっているということはチャンスも多くなるし、同時に本人にとって自信にもなります。フリーターが長くなってしまう人は、自分に自信がない人が多いのです。何もやってこなかった、自分は社会で通用しないのではないか、そういうときに資格をとっているということは、心の支えになってくるのではないでしょうか。

マルシア　すごくよくわかります。高校を出てプロの下でアシスタントができたりもして、すごく助かります。私の行っていた高校も卒業と同時に資格を取得することができます。大学も行けばいいのですが、本人にとってひとつの大きな自信になります。

――――

どのように生徒たちが自分の進路について考えているのか、あるいは教師たちがそれを支援していくのか、進路の選択にせまられている2人の3年生について取材しました。

生徒はこうして進路を選択した～改革の効果と限界

福祉の授業をとっている3年生の田中理巳さんは、授業で学ぶうちに福祉に関係した仕事に就きたいと考えるようになりました。

今年、足立新田高校には400社が求人を寄せました。

田中さんがはじめに思い描いたのは保育士でした。しかし、高校を卒業しただけでは保育士になれないことがわかりました。福祉の分野に少しでも近い職場はないかと求人票をめくる日が続きました。しかし、田中さんの希望に合った求人はありませんでした。

「1年の時から高卒で福祉関係の仕事はないと聞いていたので、あーこんなもんか、みたいな感じでした。少なかったですね」（田中さん）

田中さんは、3年生の進路係をしている石田賢一先生に相談を持ちかけました。
石田先生「医療事務ね」
田中さん「医療事務。でも求人きてないいって言ってました」
石田先生「あまりきてないみたいだね。医療にこだわらないのなら、いろいろあるけど、たとえば何か作る会社とか、サービス業とか」
田中さん「やっぱり、あまりそこはこだわりません」
石田先生「一般企業も少し手を広げておいて、いろいろな選択肢から選ぶほうがよいと思いますから、そちらで考えていきましょう」
　足立新田高校では、一人でも多くの生徒が就職できるように、教師たちがさまざまな支援を行っています。模擬面接やマナーの指導、企業見学など、フリーター・ゼロをめざした取り組みが続けられています。
　田中さんは気持ちを切り替えて、会計事務の仕事に挑戦することを決めました。流通関係の企業の就職試験を受けます。
模擬面接の先生「この会社を選んでくれた理由は何ですか。たくさん会社ってあると思いますが、どうしてここを選んでくれたのか、教えてくれますか?」
田中さん「私は昔から、私の家の近所に御社

模擬面接

がありまして、いろいろと利用させていただいていたので、求人票があったときに、迷わずここで働きたいという思いがありまして、応募させていただきました」

田中さんが受ける企業には、他の高校からも大勢の生徒が入社を希望しています。田中さんにとって、厳しい就職への道のりが続きます。

「会計事務となると、商業高校の生徒が多くなるのですが、彼らに負けないようにがんばりたいです」（田中さん）

情報ビジネスの授業でパソコンを学んで来た3年生の渡辺彩さんは、この授業を選んだときには、進路について深く考えていませんでした。しかし、操作の仕方を学ぶうちに、パソコンを使った仕事がしたいと考えるようになりました。

「最初は何も考えてなくて、パソコンに興味があるだけでした。今はインストラクターの仕事みたいなことがしたいと決めて」（渡辺さん）

どうすればパソコンのインストラクターになれるのか。渡辺さんは情報ビジネスの授業を担当している島岡恵一先生に何度もアドバイスをもらいました。

島岡先生「この前言っていた大学、見に行ってきたけど、パソコンのインストラクターになりたいって言ってたでしょう。専門学校もそうだけど、四大も考えてみない？　ここの大学、おもしろそうだから」

島岡先生は渡辺さんに、大学への進学を勧めています。情報ビジネスの授業で身につけた能力を、さらに大学で磨いていけば、将来の仕事にきっと役立つと考えています。

島岡先生「絶対やっていける学校だよ。力を信じてやってみない？」

この日、島岡先生は、大学進学を考え始めた渡辺さんにアドバイスをしました。

渡辺さんが進学を考えている大学では、面

接試験で自分の特技をアピールしなければなりません。しかし、渡辺さんは何をアピールすればいいか、自信を持てませんでした。島岡先生は、商品の説明など、プレゼンテーションョン用のソフトを扱えることをアピールすればどうか、と勧めました。渡辺さんが情報の授業で学んできた技術です。

島岡先生「すごい操作にも慣れてきているよ。あまり自信持っていないようだけど、客観的にみるとすごい。そのへんは自信持っていいよ」

渡辺さん「はい」

島岡先生「実際自分がうまくなったなと感じられる授業なのです。ということは、当然パソコンを利用した仕事に就きたいと考える生徒も出てきていますので、そういう意味では自然と、知識を詰め込むのではなくて、操作をしていく上で自信をつけながら、進路を考える一助になっているのではないかと思っています」（島岡先生）

「大学に進むことと、インストラクターの仕事がしたいという目標を持つきっかけになったことだと思います。人よりパソコンができて、人に教えるという実力がつくように勉強したいです」（渡辺さん）

学校や企業ができること

――渡辺さんはパソコンのインストラクターという道を、自分でも気づかなかった動機を先生に気づかせてもらって、しかも褒められて自信を持っていました。

マルシア　すごく大事なことです。褒められることってどれほど仕事がステップアップするか、どれほど自信につながるかわかりません。実際私たち、歌でもなんでもそうなのです。まわりがちょっと褒めただけで、あっ、このくらいはいけるんだと思って、それがどんどん仕事につながったり、自信につながったりするのです。足立新田高校の例は、とてもよい先生と生徒の関係ですね。

——小杉さん、渡辺さんは自分のやりたいことを先生と授業の中で見つけていきましたが、やりたいことをすぐに決められない背景というのは、どういうところがありますか。

小杉　高校生が決められないのではないかと言われますが、実は私たちも若いころ、高校生の段階で将来こうなるということを、やりたいことを、はっきり決めていることは少なかったのではないでしょうか。ただ、言われたことは真面目にやれ、真面目にやればきっとよいことがある。それで、結局成績があがればよい大学へ行けるとか、最終的によい企業へ行けるということでした。ところが、今は社会のほうが変わってしまって、真面目で白紙できてくださいというよりは、何か自分のカラーや個性を持てとか、自分でやりたいことをきちんと表明するような人間になれとか、企業の採用態度まで変わってきています。企業にとって必要な人材の感覚が変わってきているのです。一方で生徒のほうはといえば、年々子どもになっているという面があると思います。社会が豊かになって、いますぐ働かなくてもなんとかなるさという状態が響いて、自立年齢というのがどんどん遅くなってきています。こういう高校生の状況と社会の要請と、この二つのはざまで、高校生たちは自分のやりたいことを探さなければというプレッシャーがすごく大きくなっています。だからこそ、学校が企画してやりたいこと探しのために支援をするということが重要になっているのだと思います。

——もう一人の田中さん、会計事務の就職活動をされていましたが、無事内定したそうです。

小杉　よかったですね。

マルシア　おめでとうございます。

——田中さんは内定しましたが、高校生にとっての就職の環境というのは厳しいようです。

小杉　7月の統計ですと、求人倍率0・5ですから2人に1人分しか就職先がありません。絶対的に落ちてしまう人が出ます。こういう状況になってしまっています。これだけ求人が減ってしまったのは、不況のせいもあるし、企業の採用の考え方も変わってきて、厳選採用しかしなくなっている状況があります。

――社会構造の変化というのもあるわけですが、そのなかでどういう支援が考えられますか？

小杉　まず応募する先もない高校生というのは、これはほんとうに本人の意欲も何もかもなくなってしまいますから、応募機会は何とか増やさなくてはいけません。そのためには、これまでのシステムを見直して、自分の学校にきた求人だけではなくて、ほかにもいろいろな求人情報を知って受けられるようにする。また、行政のほうは試し雇用という制度を始めていますが、これは最初は正社員でない形で雇用して機会を広げ、試し期間に能力もアップしようというものです。

さらにもっと根本的には、若い人を一人前の職業人に育てていくことは、社会の責任です。そういう意味で社会がもっと協力しなければいけません。東京都で今度新しく企画している高校というのは、2か月も3か月もひとつの企業で実際に働いて、それを学校の単位に認めていく制度をつくろうというものです。これは企業が全面的に協力しなければできないわけです。そういう協力が、産業界に求められています。

――なるほど。学校も、産業界も努力が必要ということですね。マルシアさんいかがでしょう。

マルシア　もうひとつ努力が必要なのはご両親です。子どもたちにはわからないところもありますから、そこで子どもの能力や才能を見抜いて、道を開いてあげる。もうひとつは親も、自分の仕事をしている姿をしっかりと見せることが大切です。

――子どもの道を探すお手伝いをして、なおかつ親が働くことのすばらしさを教えていってあげたいということですね。

（2002年10月3日放送）

「生き方」を探す教育の可能性

NHK解説委員　早川信夫

増え続けるフリーター問題に何とか糸口を見つけることはできないのでしょうか。職業教育の必要性が叫ばれています。これまでは、学校での職業教育というと進路指導が中心でしたが、最近は、学校の出口のことだけでなく将来の生き方も含めて考えようと変わってきました。推計では、15歳から34歳までのフリーターは193万人にのぼるとみられています。また、高校を卒業して就職した人の半数近くが3年以内に仕事をやめています。いずれも自分の将来をうまく描けない、また、たとえ夢を持ってもステップアップしていかないことが課題だと言われています。文部科学省はそうした現状を何とかしようと去年（2002年）から専門家会議を発足させて、新たな教育のあり方について検討を続けています。

その一方で、学校教育とは別に、将来の生き方を探ろうと活動に取り組む若者たちがいます。いろいろな職業の達人たちから生き方そのものを学ぼうというのです。東京の「キャリナビ」という若者によるNPO活動です。やりたいことはあるのに何をやってよいかわからない、そんなモヤモヤした気持ちを抱えている若者に人生の先輩たちに話を聞きに行ってはどうか、そうする中から自分の生き方を見つけ出してもらおうというのです。そのホームページ（http://www.carinavi.org/）には、さまざまな分野の200人を超える達人たちがファイルされています。公務員から商社マン、国際関係、変わったところでは剣士といった人たちまでいろいろです。話を聞かれた人が若者の真剣さに打たれて次の人を紹介してくれ、増えてきました。

代表をしている平尾ゆかりさんが学生時代にボランティア活動として始めたのが始まりです。日本の若者たちが将来のことをよく考えもしないで就職することに疑問を感じ、そういえば仕事をしている人ととことん話す機会が少ないと思い当たったからです。話を聞きに行くとその人の人生が見えてきて、自分の足りないところや何をやったらよいのか考えるようになる。これを多くの若者とわかちあいたいとこの活動を思い立ちました。

ここに集まってきた若者たちは、半年間、職業の達人たちに会いに行き、話を聞き、何を感じたのか人に伝えるという活動を繰り返します。最初の1か月は人に会って話を聞くための研修を受けなくてはいけません。半年間活動を続けるうちにおぼろげだった自分のしたいことがだんだんに見えてくると言います。自分はこれをやりたいという「オンリーワン」が見つかったら、このNPOを巣立っていきます。代表の平尾さんは「『自分のやりたいことは何か』が見つかって自分で決めた以上は、その道のプロになるまで仲間たちのもとには帰ってきにくいでしょう」と話します。スタッフ以外はいつまでもここで活動を続けるわけにはいきません。学生たちにとってみると案外厳しい世界かもしれません。自分の進路選択には自分が責任を持つ、ここでの活動は「自立」がキーワードなのです。

実際にどのようにして達人たちから話を聞いてくるのでしょうか。活動の様子が知りたくて、3人の大学生たちに同行することにしました。話を聞く段取りをつけるのも、各自で行います。自分で話を聞きに行きたいと希望したのだから、いつ、どこで会うのかということも全部自分で決めなければなりません。この日、話を聞きに行ったのは、コンサート会場で音響のミキシング、スピーカーの音量調整をするプロ、その道の草分けとして知られる岡本廣基さんです。70歳を過ぎた今も現役という岡本さんに、学生たちは、事前に打ち合わせた通り、仕事の苦労話から聞き始めました。話が進むうちに学生たちは段取りに沿って「仕事で失敗はありましたか?」と質問しました。すると岡本さんは急に表情をこわばらせ「失敗は人に言うものではない。失敗したら迷惑をかけた人に謝るしかないんだ」と語気を強めて答えました。学生たちにとっては思わぬ反応だったようで、プロとしての仕事の厳しさを感じ取った様子でした。話は、仕事から次第に人生の話に分け入っていきます。岡本さんは、問われるままに、少年航空兵として終戦を迎えたころの思い出を語り始めました。学校に戻って勉強し始めたもののついていけずに落ち込んでいたときに、映画館から声がかかったことが音響の仕事に入ったきっかけだったと話してくれました。まだ仕事として確立していないころから独学で道を切り開いてきた岡本さんの「前を見続ければ、仕事は苦にならない」との言葉が学生たちの心を打ったようでした。

訪問を終えたら仲間に報告し、訪問記を書くことになっています。質問を受けることで何がわかったのか、何がわからないままになっているのかを確認するためです。3人の受け止め方は「岡本さんのような仕事につきたい」「その姿勢に共感した」「もっとほかの道を探りたい」と三者三様でした。しかし、自分たちの夢に向かって確実にステップアップしたように感じました。学生の1人は「大学生になるまでこうした体験がなかったのが悔やまれる。中学生の弟に同じ体験を伝えたい」と話していました。

この活動のおもしろさは、仕事そのものを学ぶのではなく、社会の中での生き方、人とのつながりを実感してもらうことです。やりたいことが見つかった人は、人生を生き生きと楽しんでいる。そうしたことが、さまざまな学びの場を通して若者たちにうまく伝わってほしいものだと思います。

この活動を通して、いかに「生き方」を考えてこなかったかを思い知らされた学生たちは、今の自分たちの思いを後輩たちに伝えたいと思うようになりました。そこで、中学校や高校に出かけて、自分たちが感じ取ったことを伝える取り組みを始めました。彼らの話を聞いた高校生たちは、世の中にどんな仕事があるのかもわからずに理系・文系を選択してしまうことを反省したり、小さいときに好きだったことを思い出したり、あるいは、将来の夢を自分で決めてよいのだと気づいたりしたと感想を寄せてきています。若者たちが投げかけた波紋は着実に広がり始めています。

いささか蛇足めいた話になりますが、学校の先生たちにこそ、こうした「生き方」を探す教育の可能性を考えてほしいものだと思います。

人とのつきあいで、相手の心がわかることが大切

小川菜摘

マニュアルママに気づくまで

上の子が生後4か月でわりと大きな病気をして免疫力が落ちてしまったので、ばい菌に関して異常に気を使っていました。病気が完治した後でも、公園で砂がかからないようにとか、ブランコなんてだれが使ったかわからないから汚いと思ったりして、とても神経質になってしまった時期がありました。

そんな私を助けてくれたのは、周りにいた人たちです。公園で仲よくなったお友だちがいて、「うちの子はぜんぜんミルクを飲んでくれない。体重もちっとも増えないし」というと、彼女は「そんなんね、ものの見方はいろいろで体重が軽い方が抱っこしてても腕がしんどくないよ」とおおらかに言うのです。私はそれを聞いたときに、ああそうか、そういうふうに考えればいいんだと思いました。

それに、赤ちゃん相談室に「ミルクをこれだけしか飲まないんです」と相談すると、ある相談員の方は「ミルクを濃くしてみたらどうですか」と言うし、別の相談員の人は「薄くしてみたらどうですか」と言うのです。もちろん両方とも正解なのでしょうが、これでは解決しません。これはマニュアルに頼っている自分がだめなんだとわかったのです。子どもの日々の成長は親がいちばんよく見ているわけだから、わかるのは親なんです。これだけしか飲まなくてもこの子は足りているし、病気ではないのだから大丈夫なんだと、思えるようになりました。

もちろん、主人も私の育児ノイローゼぶりを見ていました。私が一時間もかけてホウレン草の離乳食を作るのに、ひとさじしか食べなかったりすると、イライラするわけです。それを見た主人に、「子どもでも大人でも食べたくないときはあるだろう」と言われると、そうかと思うわけです。これが主人も私も二人して「食べろ食べろ」と言って

いたら、逃げ場がなくなって冷静ではいられなかったのではないでしょうか。

怒りっぱなしにしない

子どもを叱るときに気をつけているのは、怒りっぱなしにしないということです。

以前、絵の具の蓋を閉めずに、そのまましまっていたので、口がかたまって使えなくなってしまっていることがありました。何度も何度も注意をするのですが、いつも蓋を閉めずに入れてしまう。最初は「こうやってやってると、

使えなくなっちゃうから、無駄になるからね。まだこんなに入ってるでしょう。次からは気をつけてね」とかみ砕いて言います。でも、毎月ある授業参観のたびに確認すると、やっぱり蓋が閉めてなくてがちがちになっているのです。まだたくさん入ってるのに出なくなって先生にも言われて、それでも絵の具を借りているのです。それを父母会で先生にも言われて、それはそれは怒りました。

最終的には主人も怒りました。絵の具の蓋も閉められないようだったら学校に行かなくていいからと。「行くなって言ったらホンマに行かせんからな」と言って、主人はランドセルも道具箱も全部裏に投げ捨てました。当然、子どもはものすごく泣きます。

大事なのは、子どもを怒ったその後だと思います。主人が子どもに「なんで今怒られたか言ってみ。それについてどう思った?」と聞いて、子どもが何回言われても言うことをきかなかった、というようなことを言うと、「ほなわかったな、じゃあ、さっき裏に放ったやつ、一緒に拾いにいこか」となるのです。「拾って来い」ではなくて、一緒に拾いに行きます。怒りっぱなしにしてしまうと、子どもの逃げ場もないし、これから先自分が何かで悩んだときも、親に言わなくなると思うのです。

人の気持ちが読み取れる人間になってほしい

子どもたちが成長していくときに思うことは、相手が今どう思っているかを考えながらコミュニケーションしてほしいということです。

人の気持ちが読み取れるということは、高校や大学に行っても社会人になってもそこのところさえきちんとしていれば、自分の周りに大勢大事な人ができると思うのです。

小学生くらいだと、どうしても調子に乗ってデブだのバカだのチビだのって、友だちを傷つけることを言いますが、それは子どもたちの中では当然のことだと思います。でも、どんなに仲のよい友だちでも4回目にチビと言ったときに、相手がとても傷ついた顔をしたら、言い過ぎちゃったとわかる人になってほしいのです。言ってしまうのは、子どもでも大人でも仕方のないことです。でも、言い過ぎちゃったなと思える人と思えない人では、大切な仲間を作ることにおいては、ぜんぜん違うと思います。

子どもたちにもしょっちゅう言っています。相手が笑って聞いていてもほんとうは悲しくて傷ついていることだってあるわけだから、そのときの相手の表情を読み取ることが大事だよと。

個性を伸ばす総合学習

息子の学校は六年生の修学旅行で沖縄に行きます。五年生のうちから総合学習で沖縄研究を取り入れます。沖縄に関することで興味のあることならなんでもいいから、自分で調べて修学旅行が終わるまでに1冊の本にするのです。息子の場合はシーサーを調べていました。私のパソコンを使って調べて、それをプリントアウトして貼ってみたり、紙粘土で大きなシーサー作ってみたりしていました。沖縄の民舞を調べる子もいれば、食べ物を調べる子もいます。

この総合学習のよいところは、これひとつについてみんなで調べなさいというやり方ではなくて、沖縄という大きなテーマの中で自由に興味のあることを調べてみなさいという点です。子どもはそれぞれ個性が違うわけですから、着目点も違うわけです。子どもは自分の興味のあることならすごく掘り下げてやっていくから、そういう面ではほんとうに個性が育つと思います。

沖縄から帰って来ると、修学旅行に行ったことを五年生に伝える会というのがあります。五年生と一対一になって、沖縄のことを伝えるわけです。自分たちもかつて六年生に伝えられたわけです。聞いている五年生はすごく夢が広がるし、おもしろそうだなと思うわけです。

さらにおもしろいのが、親に伝える会です。自分の子どもではなくて、ほかの子どもたちから沖縄のことを聞くのです。なかには感動して泣いている親もいます。私も一人の生徒からひめゆり隊の話を聞きましたが、その生徒も話しながら泣いていました。自分で現地に行って体験してくるから、ものすごく感動するのでしょう。

ひとつの取り組みをマニュアル通りに終わらせないということが、個性を伸ばすことにつながっているのではないでしょうか。

子どもを守ってあげられるのは両親だけ

これから子どもが中学、高校と成長していくとともに、新たな問題も出てくると思います。

そこで私は子どもに、「あんたたちを全面的に守ってあげられるのは、お父さんとお母さんだけだからね。何があっても全面的にあんたたちの味方ができるのは、両親しかいないんだから」と言っています。

何かあったら、いつでも学校に乗りこんでいく気持ちでいます。それをしないまでも、それくらいの勢いはどの親でも持っていると思います。

ある友だちから、自分の息子がすごくいじめられたという話を聞きました。そのときは、先生がどう言おうが、他の父兄がどう言おうが関係なかったそうです。校門でいじめる子を待っていて、別に怒るわけではなく、「なぜそういう気持ちになるのかおじさんに話してほしい」と言って、その子と話をしたそうです。話をしてからは、いじめもなくなったそうですが、その親御さんの気持ちがよくわかります。

「何かあったら、どんな手段を使っても守ってあげるよ。だから言いなさいよ」ということは、いつも子どもに言っています。

シリーズ大学入試改革①

入試はどう変わるか

Guest commentator

橋爪大三郎

東京工業大学教授。社会経済性生産本部の委員会の委員として、大学入試廃止など新たな教育改革論を提示した。共著に『選択・責任・連帯の教育改革』。

Guest commentator

生駒俊明

日本テキサスインスツルメンツ前会長・東京大学名誉教授・中央教育審議会大学分科会臨時委員。経済界での経験や大学での経験を踏まえて、大学問題について積極的に発言。

大学入試が大きく変わろうとしています。

2004年からほとんどの国立大学が試験科目を増やし、5教科7科目にすることにしています。さらに、2006年からは、英語のリスニングテストの導入が検討されています。大学の講義を理解できる基礎学力をもった学生を入学させるためです。

ペーパーテストだけでなく、面接などで学習への意欲をみるAO入試も広がっています。2002年にAO入試を取り入れた大学はおよそ300。全大学の半数近くにのぼりました。

■学力の面から見た入試改革

――今後大学入試がどう変わるのか、そしてどのような学力が求められていくのかをみていきます。ゲストは日本テキサスインスツルメンツ前会長で東大名誉教授の生駒俊明さんです。

生駒さんは、半導体メーカーの経営者と

しての経験を踏まえ、中央教育審議会の大学分科会の臨時委員として大学の改革について提言をされています。生駒さん、なぜ大学の入試改革が今必要になってきたのでしょう。

生駒　今、社会が大きく変わろうとしています。キーワードが多様化と個性化。そのなかで大学自身が変わりつつあります。それに応じて大学入試も変えていかなくてはいけないということです。

――社会がそういう形を求めてきているのですね。

生駒　そうです。

――もうひとかたご紹介しましょう。東京工業大学教授で社会学がご専門の橋爪大三郎さんです。橋爪さんは、独自の大学入試改革論を提唱していらっしゃいます。やはり大学の入学のあり方を考えるということは、教育にかなり大きな影響を与えますね。

橋爪　そうです。今のような大学入試は必要ないと思います。必要ないばかりではなくて、高校以下の教育を大きくゆがめています。大学入試のあり方が変われば、教育全体の機能を回復できると期待できます。

――まず、学力の面から入試がどう変わっていくのかを考えていきます。

今話題になっているのが、大学の講義についてこられない、講義を理解する学力を学生が持っていないのではないかという点です。学生の学力について、国立大学の学部長に調査した結果、全体の半数近くが「大学での学習に必要な基礎科目を習っていない」と答えています。

大学生の学力が低下しているのではないか、という指摘もあるなかで、全国でおよそ500の大学が利用している大学入試センター試験が変わろうとしています。

現在の入試制度は、私立大学ではセンター試験を受けず個別試験だけで選抜している大学もありますが、すべての国公立大学と一部の私立大学では、まずセンター試験を受けて、そのうえで個別試験を受けています。

国立大学の場合、これまで5教科6科目をセンター試験で課すところが多かったのですが、2004年からは8割以上の国立大学で5教科7科目を受験させます。社会や理科が増えたわけです。また2006年からは英語のリスニングテストの導入が検討されています。こうした改革の動きについて生駒さんはどうご覧になりますか。

生駒　私は科目数が多いとか少ないで議論するのではなく、むしろ学生が大学に入って勉強するうえで十分な学力をもっているのかどうかを確かめるというテストにして、そのテストは学部や学科によってバラエティがあっていいと思います。

ただ重要なことは三つあります。一つは英、数、国という基礎学力です。基礎学力はしっかりやってもらわなくてはいけない。二つ目に知識を試す問題、三つ目は考える力を試す問題です。この三つをうまく組み合わせた入試にすべきだと思います。

――今の入試は、その三つのバランスが、うまくいっていないということですか。

生駒　そうです。記憶力だけに頼るテストが多いのが問題だと思います。

――また、学生の論理的思考力、表現力が弱いという指摘もあります。

全国の国立大学の学部長を調査した結果では、今の学生の論理的な思考力、表現力について、「弱い」と答えた学部長が85パーセントもいました。橋爪さん、これについてはどうお考えになられますか。

橋爪　無理もないと思います。論理的思考力、表現力を、今の入試で測るのは無理です。それよりも本来なら、高校時代に思考力に磨きをかけるべきです。

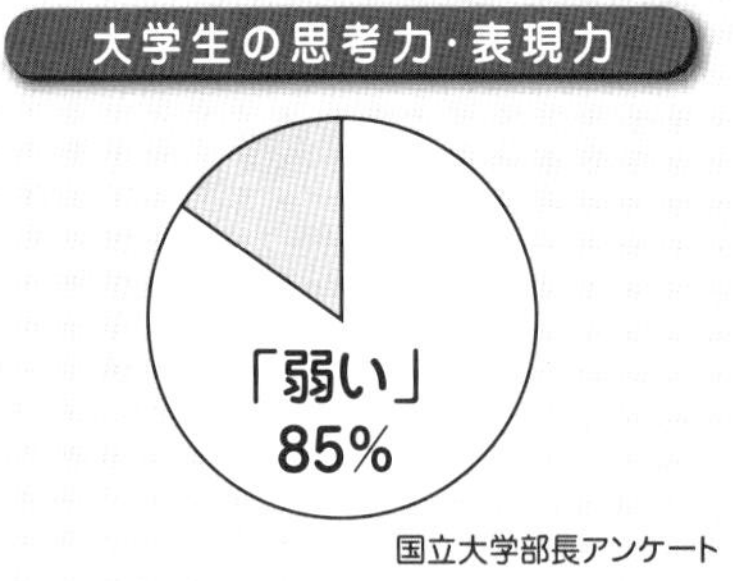

思考力や表現力を評価するしくみを、入試とは別に考えるのが本筋だと思います。

―― やはり入試という制度があるかぎり、論理的な思考力などをみるのは難しいということでしょうか。

橋爪 難しいです。むしろそれを阻害する原因になっているのではないでしょうか。

―― 大学に入る前の高校の勉強の時点で、思考力や論理的な考え方は必要ないということになってしまいますね。

橋爪 それでも入試は通ってしまうのです。

―― なるほど。すると学部長は、自分たちが期待してとった生徒の中に、意外と表現力や思考力がないなという、アンケート結果の85パーセントという数字になってくるのですね。

橋爪 当然だと思います。

―― そこで、知識偏重ではなくて、思考力を試そうとする新たな入試問題が出されるようになってきています。それが「総合問題」といわれる問題です。総合問題とは、従来の科目の枠を乗り越えた、基礎的総合的な思考力を問う問題とされています。

たとえば、去年の横浜国立大学教育人間科学部マルチメディア文化課程の入試では、次のような問題が出されました。

（問題紹介）左はデューラーの自画像。右は同時代のミケランジェロがローマシスティナ礼拝堂に描いた「最後の審判」の一部である。右下部分に人間の抜け殻のように描かれているものは、ミケランジェロの自画像だと言われている。デューラーの自画像と比較して「自分を描く」という態度にどのような違いがあるかを150字以内で述べよ。

生駒さん、問題についてどう思われますか。

生駒　面白い問題です。正解が何なのか聞いてみたいです。一般に、こういう総合問題というのは、私はよいと思います。正解が必ずしも一つでない。思考力を試すという問題ですね。ただいくつか注意しなくてはいけないことがあります。一つは採点に主観が入るということです。やはりこれからの社会には、採点の際に主観が入ってもよいという考えを受け入れる風土が必要になってくるでしょう。もう一つは、受験技術で解決できない問題、これを問うことによってほんとうにその学生さんの能力が試せます。これはとてもよいことです。

――受験技術で乗り越えてしまうような入試制度は、一つの問題ですね。

生駒　今はそれが大きな弊害だと思っています。

――客観性、公平性があまり必要ないというのは、どういうことなのでしょう。

生駒　それは、やはり大学がほしいと思う学生、大学が望むような能力を持った学生を受け入れるということです。人格まですべてがジャッジされるわけではないですから、そういう大学の志向が少しあってよいと思います。

――なるほど、大学が、自分たちがほしいという主体性ですね。

生駒　大学の主体性を重んじるということです。

――とすると、こういう問題はもっと増えたほうがよいということでしょうか。

デューラー（左）とミケランジェロ（右）

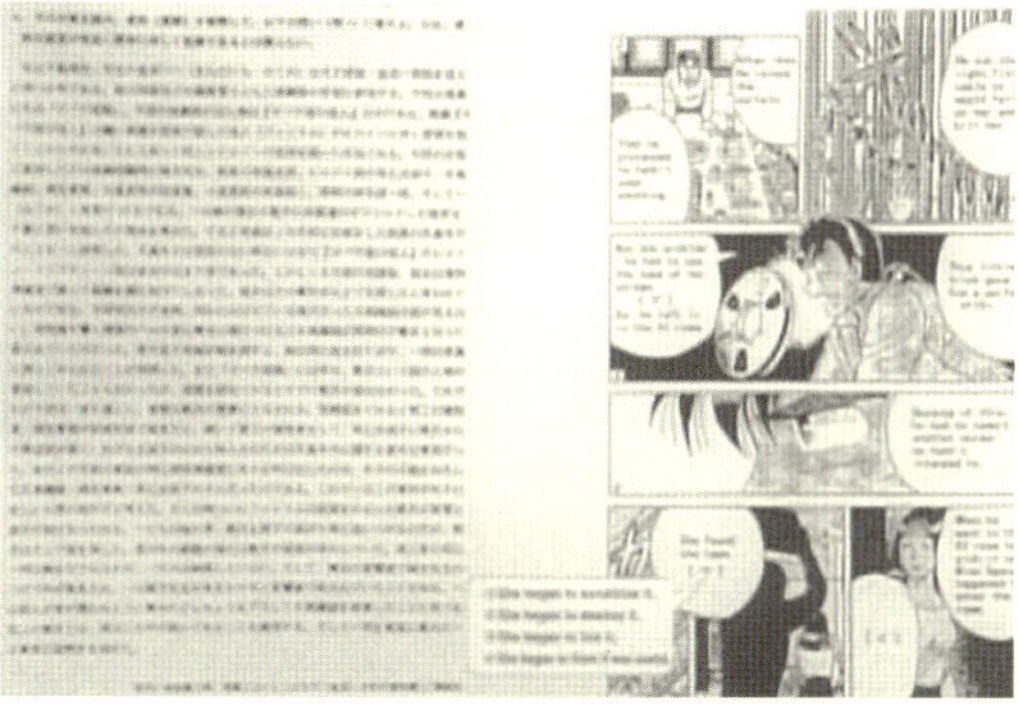
国語と英語をミックスさせた問題

生駒　そうです。例にあがった問題自体がいいかどうかは別として、思考力が試されるような総合問題です。

――実は、大学入試センターでも、総合問題について研究しています。番組が独自に入手した例題があります。思考力という点ではちょっと違うのかもしれませんが、科目を横断するというか、科目をいろいろと合成させた能力が必要となってくる問題ではないかと思います。

国語と英語をミックスさせたような形の問題ですが、日本文のほうには殺人事件のストーリーが書いてあります。そして殺人事件の内容を理解した上でそれを受けるような形で、漫画のストーリーが展開しています。漫画のストーリーのせりふの部分は英語で書かれています。英語のせりふの部分が一部あいていまして、その部分にはどういうせりふが必要かというのを四択で選ぶという問題です。これはあくまでも研究している段階の問題ですが、こういう形でいろいろな総合的な問題が研究されているところです。

入試のいろいろな問題が研究されていますが、生駒さん、大学を希望する生徒に求めている学力というのはどういうものなのでしょう。

生駒　まず第一に英、数、国、これは基本的な学力としてすべての高校卒業生にある一定レベルを保障していただきたいと思います。そのうえで、大学でどういう勉強をするかということに立って基本的な知識があるかどうかを試す。いちばんの問題は、今の高校生の、教えられたことは知らなくてはいけない、だけど教えられないことは知らなくていいという考え方です。これは学習指導要領で非常にきつく縛られているということもあると思いますが、やはり意欲のある学生はどんどん勉強して、きちんと評価されるようなシステムが必要だと思います。

――基準が試験に出るか出ないか、特に高校生は、これ試験に出ないから勉強しなくてもいいや、みたいなところがあります。そうすると社会で求められていることと結び付いていかなくなります。

生駒　社会は、やはり自分から考えて行動することを求めてきます。積極性がいちばん大事です。中学、高校のときから思考力や積極性を身につけておくと、それがこれからの入試でも培われることになります。非常に大事なことです。

――思考力が必要だということと、そういう力をどうみていくのかということになるわけですね。橋爪さんはいかがですか。

橋爪　思考力とは何か。たしかに大事な力ですが、じつはそれは従来、日本がやってきた教育方法のなかにもあります。詰め込みと言われていましたが、それと矛盾するものではないと思います。たとえば掛け算の九九を考えてもいいのですが、思考力は、簡単なことは考えないで済む、大事なことだけ考える、こういう能力だと思います。小学校の低学年の間に、知識と基礎的なスキルをしっかり身につける。このうえに思考力が育つと思います。思考力を重視すると、ともすれば詰め込み反対ということになりますが、これでは思考力は育たないと思います。大学入試の時点で要求されるものは、基礎的なスキルと思考、この二段階が必要になるのではないでしょうか。

――大学を受ける時点で子どもたちは、基礎的な部分、そして、プラスのところもある程度身につけておいてほしい、ということですね。

橋爪　そういうことです。

――ではやはり小、中学校の基礎的な部分は、むしろ詰め込んだくらいのほうがいいということになるのでしょうか。

橋爪　その基礎がとても大切で、一生にわたって使う可能性が高いものについては、遠慮なくきちんと教えこんだほうがよいのです。それが思考力も一緒に育てると思います。

――なるほど、基礎の上に立った思考力ということですね。

これまで学力の面から入試改革についてみてきました。

■やる気ある学生を集めるためには

――さて、もうひとつ問題になっているのが、大学入学後に学習する意欲の乏しい学生が多いことです。意欲の部分です。

全国の学生およそ3万人を対象に、講義を除く1日の勉強時間について調査した結果です。

講義以外は全く勉強しない学生は20パーセント。1時間未満が45パーセント。つまり65パーセントの学生が講義以外では1時間未満の勉強しかしないというアンケート結果が出ています。

そこで学生がこれまでに学んだ知識の量ではなくて、大学に入学した後の意欲をみる新しい方法の入試が広がっています。

どうすれば、意欲のある受験生を入学させることができるのか。大学がまず重視するのは、受験生から送られてくる何を学びたいのかを書いた書

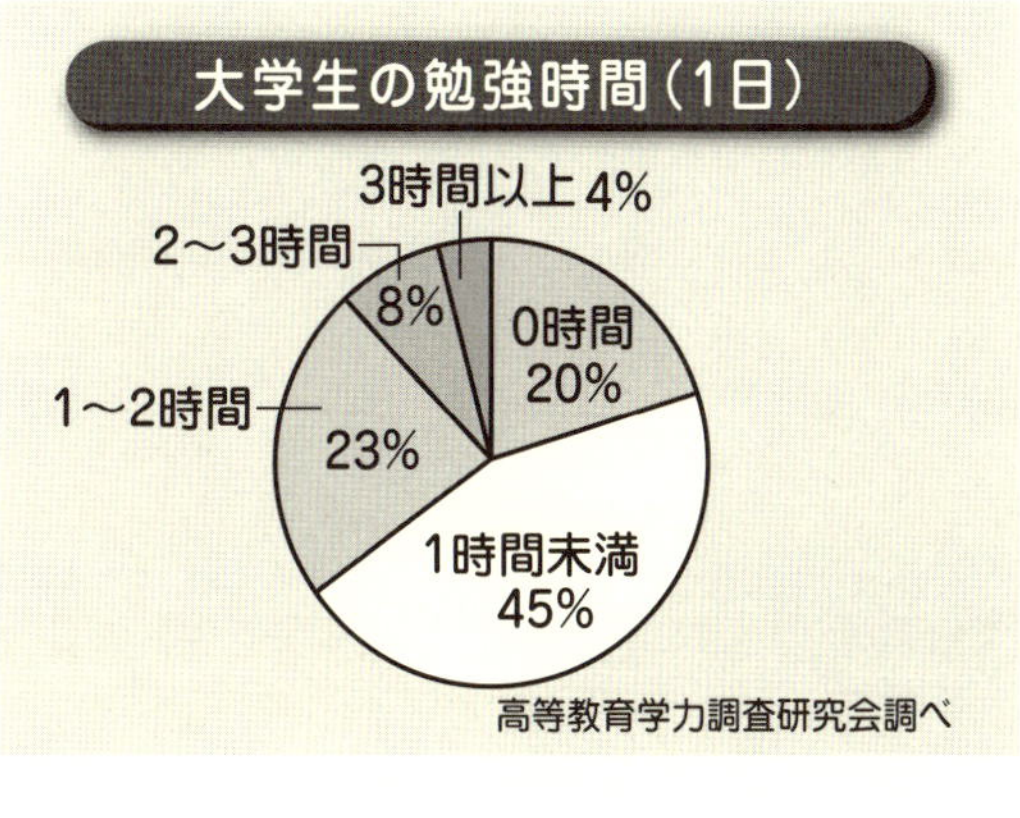

類です。また、高校時代に打ち込んできたことや、関心を持ったことなど、自分をアピールする資料を参考にする大学もあります。

これらの書類に担当者が目を通すことで、ペーパーテストではわからない受験生の意欲や考え方をみようとしています。

さらに、意欲をみるために多くの大学が重視しているのが面接です。志望理由を直接受験生に確かめたうえで、人柄や個性を見極めようとしています。

こうして手間と時間をかけ、入学してから積極的に学ぼうとする人材を求めているのです。

――こうした入試はAO入試と一般に呼ばれています。2002年にこの入試を取り入れた大学は、300校近くにのぼっています。

橋爪さん、このAO入試をどのようにご覧になりますか。

橋爪　本来のAO、つまりアドミッションオフィスとは、入試はやめて、アドミッションオフィスという事務所が、入学者を全部書類選考で決めようというものです。そのためにはまず手紙でいろいろなものを送ってもらうのですが、送られてきた書類を全部読んで会議を開いていろいろ議論した結果、この人には先に合格通知を出しましょう、でも入学するかどうかわかりません、では次はこの人というふうに、やっていくやり方のことです。日本のAO入試は、そういうものではなくて、今までの推薦入試が看板を掛け替えただけで、まだまだ高校までの学習意欲をみてとるというシステムには、ほど遠いのではないかと思います。

――これはアメリカではかなり進んでいるものですね。

橋爪　ほとんどの大学がこのやり方をとっています。アドミッションオフィスのスタッフは、意欲のある学生をとるために高校を説明にまわります。2年生の学生に話しかけて、記録をとってそのあとも連絡をして、ぜひ受けてくださいと、声をかけます。高校生は大学の授業を聞きに行ってもいい。高校と大学が一体となった共同作業なのです。日本のＡＯ入試はそのずーっとまだまだ手前の原始的な段階です。

――生駒さんいかがですか。

生駒　ＡＯ入試そのものはいいと思いますが、問題はその中身です。社会で必要なのは学力だけではなくて、指導力や協調性、行動力、それから他人を思いやる心など、いろいろです。だから、それをみて入試を変えるというのは非常によいと思います。ただ学生さんから上がってくる書類をジャッジするのではなく、むしろ大学側が、うちはこういう人材を育てるから、こういう素質を持った人がほしいんだということを発信して、ＡＯによって選抜をするのがいいと思います。

――入試の一つの分野というよりも、ＡＯ入試は根本的に考え方が違うわけですね。

生駒　学力ではなくて人間性、人格や適性などをみて、ほしい人をとるという方法は、おおげさに言いますと私立の大学が将来存続できるかどうかということがかかっていると思います。

――そうすると高校で勉強してきたことがそのまま大学でも結び付くと思うのですが、大学に入ってから、意欲のない学生がかなり多いという指摘もあります。意欲を保ったまま大学生活を送れるように、大学が生徒を受け入れるためには、入試という点ではどういうかたちが必要になってくるのでしょうか。

生駒　入試にパスするというのが高校生の目的になってしまっています。パスすると今度は自分のターゲットを失ってしまいます。やはり高校の教育と大学の教育がうまく連続していくように、入試によって大学で学ぶための知識を試す、そうすると高校教育で習ったことが大学に行ってそのまま役に立つ、それが社会に出てからさらに役に立つ、こういう中学、高校、大学、社会というのが一貫してつながっていくシステムが必要だと思います。

――そのためにいちばん重要な点はどういうことでしょう。

生駒　学習指導要領に決められて、偏差値というもので学力を測るよりは、大学が必要な知識というものを入試でどんどん聞くことが重要です。高校教育は少し混乱するかもしれませんが、この大学はこういう特徴を持っているんだ、こういう人材がほしいんだというメッセージを大学が発信して、それに入試を使うというのは非常に大事です。

――橋爪さんはどうお考えですか。

橋爪　学習指導要領と無関係に、大学が必要としている知識を要求すればいいと思います。ただ、すべての大学がそのシステムでいってもいいかというと、少し疑問です。入試に変えてどのような方法をとればいいか。一つは、ＡＯ入試ではなくて、ＡＯ入学です。これを本道にすべきだと思います。入試というかたちで学生を縛る必要はありません。入試があるといろいろ弊害があります。まず偏差値。自分の偏差値はこれくらいだから、この大学に行こうか。そこから先のことは考えない、そんな人が増えてしまいます。

――今はほとんどそうです。

橋爪　それは困ったことなのです。ＡＯシステムというのは、自分はこういう理由でこの大学に行きたい、大学側はこういう理由でこの学生をとりたい、それを相談して決めていくやり方です。必要な学力証明は高校生が自分でする。この大学はこれくらいの学力を求めているのだから、私は必要な学力をつけてそこに入学しましょう。それは自己責任だ。こういう積極性を育てることが、ＡＯシステム、ＡＯ入学です。

学力証明のためには、入学試験ではなくて、資格試験のようなものを開発すればよいと思います。たとえば物理は、高校の課程は全部マスターしました、大学の課程もちょっとできますというような試験を用意してくれれば、それをパスして学力証明にできます。英語ならＴＯＥＦＬみたいなものもいいかもしれません。こういうやり方にすれば、今よりもずっとよいシステムになるはずです。

――冒頭で橋爪さんがおっしゃったように、入試そのものをなくしてしまうという点では、ＡＯ入学一本化ということも方法としてはあるという考え方なのでしょうか。

橋爪 入試で入学者を決めている国は、確かにアジアにはいっぱいありますが、アメリカをはじめとして、入試なんてないという大学も多いのです。でもきちんと適切な人材を集めている。それを選択肢に入れてじっくり研究するということを、日本はやらなければいけないのではないでしょうか。

――すると大学に入ってからの勉強もかなり厳しくなってくるわけですね。

橋爪 入学はある程度今よりゆるくなりますから、そのかわりに進級、卒業が厳しくなるということです。学力がきちんと伸びていかなければ卒業できないというのは、当然のことです。ここをしっかりやらないといけないと思います。

――生駒さんいかがでしょう。

生駒 おおむね賛成です。意欲をかきたてるには、もうひとつは社会側が何かしなくてはいけない。特に企業が一律で初任給を決めたりしないで、非常に能力の高い学生には初任給をたくさん払うとか、自分の会社に必要な人材は高い給料を払っても採用する、こういう競争が社会で働けば学生はまたやる気を出すでしょう。アメリカはずっと前からそうやっています。日本も同様にやっていかなくてはいけないのではないでしょうか。

――これまでよく言われてきた平等性は、社会側も大学側も、もうあまり固定観念にとらわれる必要はないということですか。

生駒 平等というものの考え方です。個性に応じて能力に応じて機会が与えられる、これがほんとうの意味の平等です。こういう考え方に社会がなっていけば、日本はもう少し国際的な競争力を復活するのではないかと思います。

――大学の入試が変われば、やはりいちばん大きな影響が高校にもあると思います。

生駒 高校は、考える力それから自己表現能力、とくに自己表現能力は欠如していると思います。ここの部分を高校、中学から身につけさせるような教育が大事です。

――それができるわけですね。

生駒 はい、文部科学省が決めた学習指導要領だけで教育をしないで、現場がどうやったら学生に表現能力をつけさせられるかという工夫をして、現場でお互いに勉強しあうようなことをどんどんやったらいいでしょう。

――今は表現力や思考力を身につけさせようという余裕が高校の3年間ではないですね。

生駒 要するに入試が記憶に頼るという部分がありますから、できるだけ効率よくそれをパスしようという考え方で、教育をしてきてしまっているのです。

――橋爪さんはいかがですか。

橋爪 大部分の高校が入試のための教育機関みたいになってしまっている。そういう現場の実情があります。それから大学入試と無関係の高校の多くは、教える側も教わる側も目標を失って、無意味に3年間を過ごしているという実態もまたあります。基礎学力はしっかり身につけて、そのうえで、将来の進路に応じて、大学に行く人、就職する人、専門学校に行く人、それぞれの生き方がありますから、その生き方をしっかり支援するカリキュラムを、高校としても開発していく努力が必要です。今は大学の入試実績が上がると、それ以上求められませんから、高校は実際に生徒の役に立つことを教えているのかということを問われません。入試がなくなればやはり生徒の生き方を支援できたかどうかということが、高校に問われるわけです。これがやはり、高校教育の改革の柱になると思います。

――今の段階の高校はとにかく卒業させてしまえば、みたいなところもありますし、どちらかというと偏差値の高い大学に入れていけばよいという考え方です。

橋爪 それでは済まない。そうではなくて、生徒の将来を支援するという目標に、はっきり変えたらいいと思います。

――社会は教育の改革を求めてきていると考えてよいでしょうか。

生駒 そうです。ただ、注意しなくてはいけないのは、英、数、国、これは基礎学力ですからしっかりやるべきです。入試がなくなっても、資格試験なりでやはり一定の保証をしてもらう必要があります。

――学力のある程度の保証をした上で、次に進むということですね。

生駒 そうです。

橋爪 私の提案は、その学力の保証を高校の資格試験というかたちですべての高校生に課したほうがよいというものです。

――なるほど、高校の資格試験。

橋爪 はい、大学入試は高校生の半分しか受けないわけですから。

――高校での資格試験を全員が受けて、その上でやりたいことをやり、能力をさらに大学で伸ばしていくということですね。

橋爪 そうです。

――今日は大学入試のあり方が変わっていくなかで、今後、生徒たちにどのような学力が必要になってくるのか、高校に何が求められてくるのかをみてきました。

（2003年1月9日放送）

シリーズ大学入試改革②

大学はどう変わるか

Guest commentator

生駒俊明
日本テキサスインスツルメンツ前会長・東京大学名誉教授・中央教育審議会大学分科会臨時委員。経済界での経験や大学での経験を踏まえて、大学問題について積極的に発言。

Guest commentator

橋爪大三郎
東京工業大学教授。社会経済性生産本部の委員会の委員として、大学入試廃止など新たな教育改革論を提示した。共著に『選択・責任・連帯の教育改革』。

大学の改革が進められています。講義の半分を英語で行っている大学があります。学生1人につき1台のコンピューターを備え、教授陣の半数は外国人です。国際的に活躍するコンピューターの技術者を養成しようとしています。

幅広い教養を身につけるため、どの学部の講義にも参加できるコースを設けた大学もあります。医学部や法学部、文学部など、自分が興味を持つ講義を受け、学部の枠にとらわれず独創的な考え方を育みます。

■大学改革の現状

今後、大学はどう変わっていくのか、大学が変わることで大学入試の今後はどうなっていくのかをみていきます。

まず大学改革の現状について。

去年、COE（センター・オブ・エクセレンス）という試みが始まりました。これは10のそれぞれの分野毎に、応募があった研究のうち選ばれたものに対して予算の助成を重点的に行う、というものです。

さらに今進められようとしている改革の一つは、国立大学の法人化です。２００４年４月からの実施をめざして、準備が進められています。

これまでの国立大学は国によって運営されてきました。法人化されると、教育内容や予算の配分などについて、それぞれの大学は独自の判断で、大学の運営を行うことになります。いずれも、大学同士の競争原理を導入して、それぞれの大学の個性化を図ろうという政策です。

こうした大学をとりまく状況も大きく変わろうとしています。

現在、急激に少子化が進んでいます。18歳の人口は、第二次ベビーブームだった10年前の２０５万人を頂点に減り続けています。それにともなって、大学の入学志願者の数もずっと減り続けています。そして入学者数は、６年後の２００９年には71万人になると予想されます。この６年後には、志願者数と入学者数が同数となり、数のうえでは、すべての受験生が大学に進学できることになるわけです。

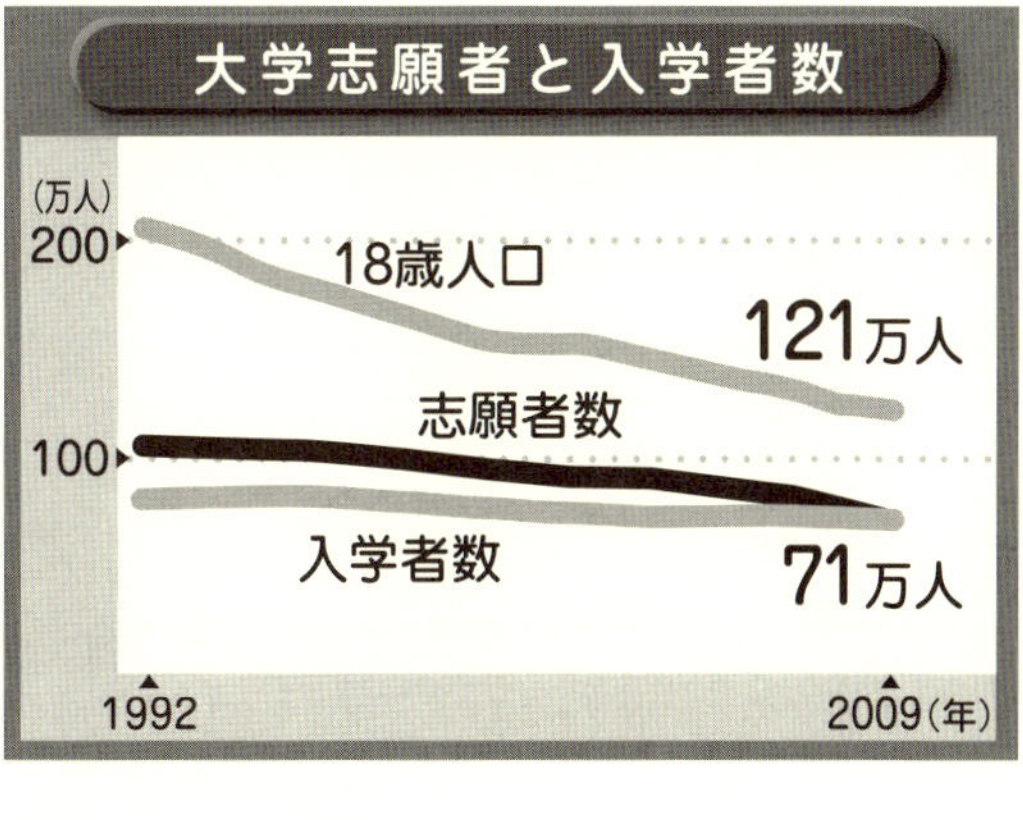

大学が変わるなかで、入試のあり方も問い直されています。

先週に引き続いて、将来の大学、入試の今後のあり方について、積極的な提言をしているお二人のゲストとともに進めていきます。日本テキサスインスツルメンツ前会長で東大名誉教授の生駒俊明さん、まず、大学改革の方向について、どのようにお考えですか。

生駒　おおむね正しい方向にいっていると思います。ただ今までは政府主導といいますか、文部科学省主導で行われてきました。今後は大学が自主的に自分の方向を打ち出していくという改革になると思います。法人化は、国立大学が社会のニーズに応えた経営をしていかなくてはいけない、ということになりますから、企業の必要とするような人材、あるいは研究というのがどんどん出てきてもらいたいと思います。それからCOEは、昨年始めたのですが、すでに私は効果が出ていると思います。というのは今までは研究者が個々にバラバラに研究していたのを、大学の学長のリーダーシップで、戦略的に研究が行われるようになってきていますから。

――そしてもうおひとかたです。東京工業大学教授で社会学がご専門の橋爪大三郎さん。橋爪さんは独自の大学改革プランを提唱していらっしゃいますが、今後の大学の改革はどうあるべきだと思いますか。

橋爪 大学の個性化、個別化を進めているのは大変けっこうなことで、もっとどしどし進めるべきだと思います。その結果、競争のなかで学生が集まらない、社会のニーズに応えられない、そういう大学が閉校に追い込まれることもありうるということを覚悟しておくべきだと思います。

――個性化が進むなかで競争も激しくなっていくということですね。

橋爪 その通りです。

――では大学がどのように変わろうとしているのか、改革に乗り出した大学の現状をみていきます。

大学の改革の試み

福島県の会津若松市にある県立会津大学では、講義の半分が英語で行われています。学生1人につき1台のコンピューターを備え、教授陣の半数は外国人です。国際的に活躍す

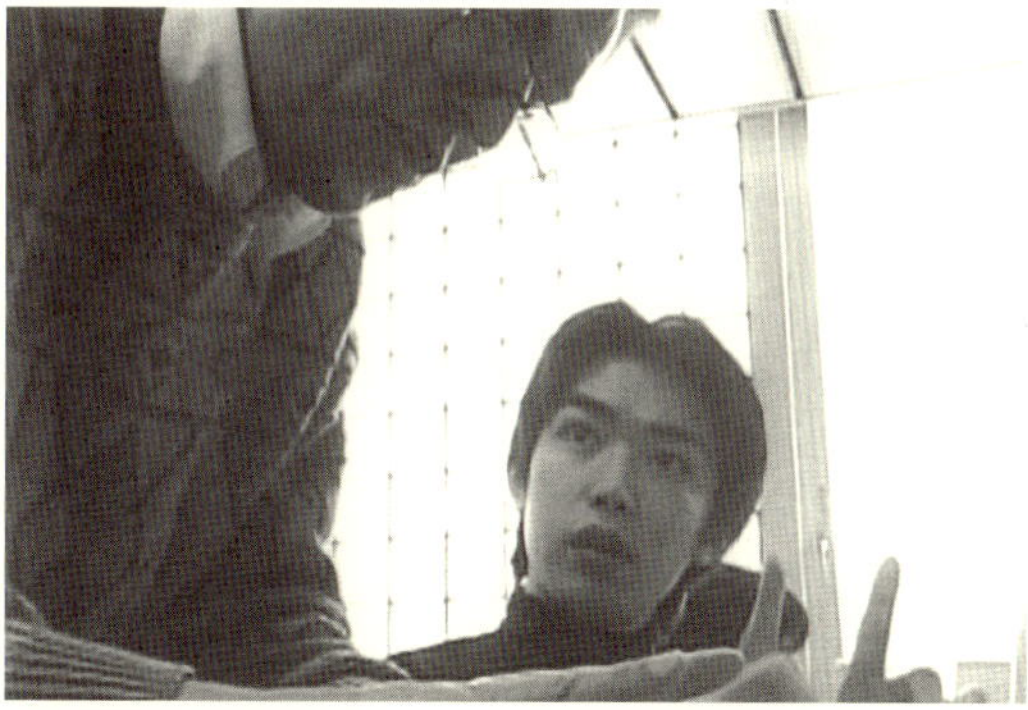

教授陣の半数が外国人

るコンピューターの技術者を養成しようとしています。

福岡市にある九州大学では、2年前から21世紀プログラムと名づけたコースを設けました。幅広い教養を持った人材を養成することがねらいです。このコースに入学した学生は、興味を持った講義を自由に受けることができます。法学部や医学部などでさまざまな学問を学び、広い視野に立った柔軟な考え方を身につけようとしています。

男子学生 まず一つはいいとこどりという感じです。医学部の授業も出ていますし、薬学、法学の授業も出られる。時間的にはものすごくきつくなるんですけど、自分のほんとうにやりたいことをやっていくことでは、ものすごくいいなって思っています

女子学生 今、課題提示で環境問題とか原子力問題とかやっていますが、私は理系で解決策をと思っていましたが、結局は政治面のところに行き着くことが多かったから、今のうちに両方とっておいて、いろんな面から物事をみて解決できるようになるんじゃないかなと思って

一橋大学大学院国際企業戦略研究科

社会人にも最先端の学問を提供しようという試みも始まっています。一橋大学大学院の国際企業戦略研究科は、3年前、東京のオフィス街に設けられました。
社会の一線で働く人たちが、仕事を終えた後、経営の手法や金融の知識を学んでいます。ビジネスに役立つ知識を学びたいという切実なニーズに応える大学の取り組みです。

■大学の将来像

―― いくつかの取り組みをご紹介しましたが、生駒さんどうご覧になりましたか。

生駒　それぞれ苦労している様子がわかって、大変けっこうです。ただ、もう少し影響力のある大学も工夫をしてもらいたいです。

―― これまでどちらかというと大学というのは、入れば同じような形の教育を受けるというイメージがありましたが、より明確に個性化を出していったほうがいいですね。

生駒　そうです。いろいろ工夫して個性を出していく、こういう教育がこれからどんどん必要になっていきます。

――橋爪さんいかがですか。

橋爪　いろいろな個性的な教育を試行しておられる。当然こういうことをやらなければいけなかったのです。最近ますます、大学の教育、研究は、重点が大学院に移っています。そのぶん、学部は自由度が増えているので、むしろもっといろいろ多様な試みが今後もなされていくべきだと思います。

――そういう試みのなかで、競争も激しくなっていくと思いますが、大学がめざす将来像について、まず生駒さん、どうあるべきだとお考えですか。

生駒　将来というよりも、もうすでに始まっていると思いますが、日本の670くらいある大学がすべて研究と教育を一緒にやりなさいというのは現実的ではない。それから必要もないと思います。むしろ大学というのは教育を非常に重視するのが第一ですから、この三つの大学に分けて、大学の種別化を推進したらいいと思っています。一番目の研究中心の大学というのは、研究と教育を同時に行う従来型の大学です。それからもう一つは教育を主とする大学。そのなかでも人間形成をする教養大学というのがあって、それから将来社会に出たときのために何らかの技能を身につけるという職業訓練大学です。この三つに大枠分けられるのではないでしょうか。

そして個々の大学が自分の大学は三つのうちのどれをめざすのかという

大学の将来像（生駒）

研究大学

人間形成のための教育大学

職業訓練大学

のをはっきり出します。私はミッションステイトメントと呼んでいますが、うちの大学はこういう人材を作るんだということをはっきり社会に宣言するんです。それを受験生が選んで自分の行きたいところに行けるというようなかたちがいいのではないかと思っています。

やはり大学の使命は教育ですから教育を第一にすること、これが社会にとっていちばん大事なわけです。それから次に研究、研究と教育を通して社会貢献する、これが大学のミッションだと思います。大学が自主的に強制されないで自分の役割をはっきり世の中に出していったらいいのではないでしょうか。

――教育というのは教育者を作るということではなくて、人間そのものの人間形成のための教育ということですね。

生駒　そうです。教養教育です。教える教材も当然それぞれ違ってきます。この人間形成のための教育というものは、これからほんとうに何を教えればいいかというのを考えていかなくてはいけないと思います。そこには研究が入ってくるのではないかと思います。

――そのときにはやはり単なる知識ではなくて、思考力とか創造力とか表現力とかそういう部分もしっかりと大学で身につけさせるようということになるのでしょうか。

生駒　そうです。考える力というのはやはり大学で非常に重要です。

――研究大学というのは、最先端のいろいろな研究を専門にやっていくということですか。

生駒　そうです。研究者養成と高等な技術を持った人を育成します。会社に入って研究開発であるとか、あるいは会社の経営者になるとか、日本をひっぱっていく人たちは、これからは研究も知っているということが非常に大事です。

――職業訓練大学というのは、完全に手に職、技術的な資格を持つということですね。

生駒　そうです。やはり専門の職業能力です。職能を身につけることが重要です。工学部とか、あるいは経営学もそうですが、大学を出てからすぐ社会で役に立つという人が必要だと思います。

――なるほど。さて、橋爪さんは将来像はどんなふうにお考えでしょうか。

橋爪　はい、この三つに限らないのですが、代表的なものということで順番にご説明していきたいと思います。

まず前提として現在日本の大学は、法学部、経済学部、工学部、何々学部というように、学部で四年間の専門を学ぶことになっていますが、もう完全に時代遅れ、実態と合わないと思います。たとえば法学部を出ても法律家になれるわけではない、経済学部を出ても経済のことがよくわからない、それでサラリーマンになっているわけです。それだったら、むしろもっと目的をはっきり持ったほうがいいのではないでしょうか。

先端科学技術大学では、大学院の研究を中心にします。日本の科学技術をトップレベルで維持していく。できれば世界をリードする。日本にとって、いちばん戦略的に重要な大学になると思います。現在、世界の競争はますます激烈になっています。「メガ・コンペティション」というのですが、競争相手は世界中の大学なのです。そこでこういうすぐれた大学を日本でも重点的に育成し、日夜、研究開発にしのぎを削る。すぐれた人材を生み出す。これがどうしても欠かせない重要なことです。ただこれは、ごく限られた数の大学になるべきだと思います。

二番目は、ビジネスマン養成大学。日本の産業社会にはいろいろな企業、

大学の将来像（橋爪）

先端科学技術大学

ビジネスマン養成大学

地域密着市民大学

いろいろな業界がありますが、そこに適切な能力を持った人材を送り出すために、中核になるような人材を養成するという、教育に重点がある大学です。

三番目は、地域密着市民大学。それぞれの地域には、もう一回勉強したいという方がいらっしゃると思います。生涯教育ということもあるでしょうが、そういう期待に応えるようなきめ細かな知識の提供を行っていく。そういう地域サービスを行うタイプの大学もあっていいのではないでしょうか。

それ以外に、個性特技を伸ばす芸術系の大学などもあってもいいかもしれません。はっきりしたステイトメントを述べて、大学が自分の目的を宣言して活動をしていく、これがいちばん大事なことです。

――やはり国際競争力というか、世界を視野に入れたかたちの大学、あるいは人材の育成ということがかなり大事になってくるわけですね。

橋爪　アメリカの大学が非常に競争力が強いのは、世界中から人材を集めて能力のある人を抜擢して競争するというシステムを、実にうまくこしらえているからなのです。日本の大学がいちばん弱いのはここです。ですから英語をベースにして世界中から人材を集めるという戦略を、日本も早くとらないと大きく出遅れて、経済の沈滞を招くと思います。

――なるほど、ありがとうございました。ここまでは大学改革についてみてきました。

■入試改革の現状

――大学が変われば、入試のあり方も変わってきます。今後入試はどのように変わっていくのかをみていきます。

新たな入試方法を実施している大学の取り組みをまとめてみました。

新たな入試方法を実施している大学

大学	特色	入試
会津大学 コンピュータ理工学部	英語で コンピュータ教育	英語・数学に 重点配分
九州大学 21世紀プログラム	幅広い教養を 習得	・講義後 リポート作成 ・グループ討論し 小論文作成
大阪産業大学 経済学部	講義に ITを活用	インターネットで 情報を集め 小論文作成

会津大学のコンピュータ理工学部では、大学の授業が英語でコンピュータ教育が中心ですので、入試も英語と数学に重点が置かれています。

九州大学21世紀プログラムは幅広い教養を習得することが目的で授業が進められていますので、それに見合った人材をとるための入試は、まず講義を受けてそしてリポートを作成する、その後、グループに分かれて課題を見つけてきて討論し、小論文を作成するという試験を行っています。

大阪産業大学の経済学部は講義にパソコンを活用していますので、入試の方も、インターネットで情報を集めてそのうえで小論文を作成するというスタイルを取っています。

やはり大学が変われば入試も変わってくると思いますが、生駒さんいかがでしょう。

生駒　それぞれ工夫されて、苦労の跡があります。多様化という面ではよいと思います。ただ一つ、英、数、国の三つは、基礎学力としてやはり入試できちんと確かめる必要があるでしょう。

入試改革への提言

——それでは、お二人に将来の入試のあり方について提言をいただきたいと思います。まず橋爪さん。

橋爪　大学が従来型のように一律の入学試験ではなくて、大学でのカリキュラムに必要な能力を学生にはっきり要求していくことです。ただこれにも問題があって、大学ごとにまちまちな能力を要求しますと、どこの大学に入るかまだ決めていない高校生にとっては、こっちの大学にはこういう勉強、あっちの大学にはああいう勉強と、いろいろなことをせねばならず、かえって負担が増える面があります。それでこれを解決するのに、入学試験を見直して、最終的には入試を廃止してしまうという方向が正しいのではないだろうかと、私は思います。

——入試そのものを廃止するということですか。

橋爪　入り口はある程度ゆるくして入学させ、進級を厳しくし、卒業をもっと厳しくします。きちんと大学のカリキュラムをこなした人間を卒業させるということが大事です。これには副作用もあるので、大学の転校を容易にするとか、専門の変更を容易にするとか、そういうシステムを同時に考えなければならないと思います。こういうことがまず基本ではないでしょうか。

——そうすると、高校の時点で高校生の目的がただ試験に通るだけということではなくて、さらに将来を見通したいろいろな目標も見えてくるわけですね。

橋爪　高校生の諸君に考えていただきたいのは、自分が将来何をしたいのか、そのためには今何をしておけばいいのかということです。それが自動的に大学の進学に結びつくということであれば、いちばん無理がないと思います。

——生駒さんいかがですか。

生駒　大学のミッションにあった入試ができるように、まず入試そのものを自由化するということです。学習指導要領に入っていなくてはいけないというのではなくて、自由化してほしいです。そのうえで、さきほどから言っていますように、英、数、国は必須。どこの大学でもです。そして大学に入って勉強するうえに必要な知識を問い、考える力を問う。もう一つは学力だけではなくて、社会に出てから必要なリーダーシップとか行動力などを入試で問う、あるいは体育を入学試験に入れる、たとえば東京大学が体育の入試をすれば、ずいぶん高校の教育も変わるのではないでしょうか。そういう幅広い面での入試改革というのが必要です。

ただ入試は、究極にはなくなるかもしれませんが、現時点ではやはり必要です。というのは、高校生があるゴールを設定してそこをクリアしようという努力が生まれるからです。短期間の努力をする、これは訓練期間として必要なことだと思います。ただ入試の内容は単に記憶力を問うだけのものではなくて、総合問題の盛り込まれたようなものにする改革が必要だと思います。

—— 受験生にとっては、試験に通ることが目標になってしまっていますが、その目標の部分は少し残しておいて、やり方をもっと考えていくべきだということですね。

生駒 そうです。高校生が入試が終わってしまってほっとするのではなくて、入試のために勉強したことが大学でもきちんと使える、高校と大学の一貫したシステムにするということです。そしてさらに社会に出て役に立つという、そろそろ日本もそこまで考えていかなくてはいけないと思います。

—— 橋爪さんいかがですか。

橋爪 私は反対です。よい入試なんていうのはないと思います。大学生が大学に入ってほっとして勉強しなくなってしまうというのは、入試だけを目的にしてきたからなのです。それで少しは学力がついているかもしれません。入試をなくしたら、受験勉強さえしなくなるという実態があるかもしれません。でもだからこそ、いちばん大事なのは、入試を目標として勉強することではなく、一生の目標を高校の間に見つけて勉強し始めることなのです。そうすると大学に入ってほっとするということもないし、大学に行ったらますますやる気が出てくるわけです。それをエンカレッジする制度を作ることです。基礎学力が大事だということは生駒先生のおっしゃるとおりです。でもそれは大学入試の役割ではない。高校卒業の時点できちんと学力証明をさせるほうがむしろ害がないというのが私の考えです。

生駒　それは賛成です。資格試験でもいいのです。今おっしゃったことを実現するには、高校のカリキュラムと大学のカリキュラムを接続しなくてはいけないのです。だから大学の先生と高校の先生が話し合って、一体化したカリキュラムを組んで、大学、高校それぞれ個性がありますから、その共通項を作って、カリキュラムの一体化というのをそろそろ考える必要があるでしょう。

橋爪　それは大事な点ですね。高校の先生は大学のカリキュラムのことを知らない、大学の先生は高校のことをちっとも知らないということがあって、交流がないのです。たとえばアメリカだったら高校生で優秀な人は大学の授業に出られて、そこで単位をとることができます。実際に入学した大学にその単位を移転できるのです。優れた学生をピックアップするというしくみもありますし、高校と大学相互の連携をもっと進めていくべきでしょう。

――入試改革、あるいは入学の仕方のいろいろな改革の考え方をうかがいましたが、それをバックアップするために、背景にある社会はどういう考え方が必要になってくるのでしょうか。

生駒　今、日本の社会は元気がありません。主として経済的な停滞です。欧米に比べてもアジアに比べてもなかなか日本の経済は回復しないというところにあって、みんな元気をなくしています。実際、大学に行く目的というのは経済的な目的だけではないです。日本の社会はみんな経済的な指標で測られていますが、これにはやはり危険があります。ですからもっと知的な刺激、知的な活動、これらを重んじてもう少しインテリジェントな社会にしていくことが必要だと思います。

――橋爪さんいかがですか。

橋爪　経済が沈滞している一つの原因は、能力のある人に十分な活躍の場が与えられていないということです。悪い意味での平等主義が、まかりとおっています。そうではなくて、きちんと競争すること。能力ある人にはチャンスと待遇が与えられる。こういう社会になれば、大学にいる間にその能力をつけようと、みんな思うのではないでしょうか。社会の側も初任給がいくらで、みんなそろって昇進していくというやり方ではなくて、契約によって個人ベースでポストを与えていけばいいと思います。年俸はとなりの同期の人と関係ないというシステムを早く取り入れてほしいです。

―― 確かに今は、高校の勉強で一回切れて、大学でまた切れて、社会にきてまた会社が人材育成をやり直すという感じです。

生駒 日本の経済がこれだけ不況ですと、企業内教育がなかなかしにくくなります。教育の効率性というのでしょうか、効率を重んじるとやはり小さいときから一貫した教育というのが必要です。

―― 教育というのは最終的には社会に出てからどう生きていくのかということですからね。

橋爪 そのとおりです。日本の大学は、「タタミの水練」みたいで、役に立たないことを大学のしくみのなかで教えています。そうではなくて、やはり社会に出て役に立つ、そして人生を楽しむうえで役に立つ、楽しめる、という知恵を与えるものではないでしょうか。

―― もうそういう方向にいかなければいけない時期にきているということですね。

橋爪 遅すぎるくらいです。

（2003年1月16日放送）

どうなる大学入試

NHK解説委員　早川信夫

「教育改革がなかなかうまくいかないのは大学入試に問題があるから」だとたびたび指摘されてきました。そうした課題に決着をつけようとしたのが、平成11年（1999年）に答申が出された中央教育審議会（中教審）での論議でした。今の大学入試改革は、このときの提言に沿って進められています。

それまで大学入試改革というと、受験競争の緩和が大きなテーマでした。ところが、少子化で2009年には、大学が定員の上で進学希望者すべてを受け入れられるようになる。つまり、受験生の側からしますと、選ばなければいずれかの大学に入れる「大学全入」の時代を迎えます。そうなりますと、何をやるために大学に入るのか、受験生と大学との間でミスマッチがおきないかといったことが、これまで以上に大きな課題だと意識されるようになりました。また、いくら学習指導要領を改訂して「生きる力」をといったところで、大学入試が単に知識を競い合うような内容にとどまっていては、高校までの教育は変わることができないと考えられたのです。

では、このときの答申ではどのようなことが提言されたのでしょうか。大学入試を「選抜」から「相互選択」に転換するとうたったのが大きな特徴です。つまり、大学が学生を一方的に選ぶという「選抜」の時代は終わり、これからは「相互選択」受験生が大学を選び、大学は大学が行う教育にふさわしい学生を選ぶ。いわば、お見合いのようにお互いに気に入った相手を選び合うように変えていくべきだという考え方を示しました。大学は学生を絞り込むのではなく、求める学生を見出す。受験生は大学から選ばれるのではなく、自分の意思で選ぶことを求めたのです。

改善策の柱の一つは、大学がどんな学生を受け入れたいのか受け入れの方針を明確に示すこと。二つめは、教育目標にあわせた入試方法の多様化です。たとえば、学力試験だけの入試にしたり、それとは反対に面接で意欲や将来性を判定するといった主観的な要素の強い入試にしたりと、大学の判断で様々に工夫することを求めています。三つめは、入試科目削減の見直しです。大学生の学力の低下が指摘される中で、一律に減らすだけでなく、大学によっては入試科目を増やすことも認めるとしました。四つめは、高校は高校教育でどれだけ学力を伸ばしたのか、生徒の到達度を学校ごとに責任を持ってはかること。評価方法については、今の5段階評価とは別な方法を研究することが必要だとしています。受験生が入試科目の勉強しかせずに本来高校で身につけておくべき学力をつけてきていないという批判に配慮したものです。

この提言を受けて、大学審議会でさらに議論が重ねられ、翌平成12年（2000年）に具体策が提言され、現在の入試改革へと進んできました。今回の入試改革論議はどういう位置づけにあるのか、これまでの大学入試の変遷を振り返ってみたいと思います。

戦後しばらく、国立大学は1期校2期校に分かれて、私立大学はそれぞれが独自に試験をしていました。ところが、ベビーブーム世代が入試にさしかかったころから、受験競争の過熱がいわれるようになりました。「狭き門」という言葉が流行ったのもこのころです。受験生を振り落とすために大学が難問・奇問を出すことが問題視されるようになりました。

難問・奇問を排除するためとして登場したのが、昭和54年（1979年）に始まった共通一次試験です。難問・奇問はぐっと減りましたが、代わって出てきたのが、偏差値による序列化でした。1校しか受験できないことから、受験生が入りたい大学よりも入れる大学をめざすようになったとその弊害が指摘されました。このため、2校受験できるように、国公立大学は2つのグループに分かれて試験を行いました。ところが、2つ受けた大学の両方に合格した場合、どちらかの大学を選べるため、たとえば東京大学と京都大学をかけもち受験して合格した学生が、東京大学に流れるといった現象がおきました。入学辞退で定員割れを起こす大学もあり混乱しました。そこで、大学が学部ごとに定員を2つに分けて、前期と後期の2回試験を行い1回ごとに合格者を決める、いわゆる分離・分割方式が平成元年（1989年）に始まり、今に至っています。

これと平行して、共通一次試験も、平成2年（1990年）から受験生が一律に受ける方式から、大学ごとに受験科目を選択するいわゆるアラカルト方式の大学入試センター試験（センター試験）に改められました。これによって、私立大学もセンター試験に参加するようになり、今では私立大学の7割が何らかの形で利用しています。

この当時の入試改革、毎年のように手が加えられ、"猫の目の入試改革"と批判されました。このときに取材していて感じたのは、入試の理念とは何か、受験生にとってあるいは大学教育にとって何が必要かといったことより、各大学の思惑を調整するといった側面があまりにも強かったということです。これらの入試改革がすんだあとに国立大学協会の会長に就任した当時の有馬朗人東大学長（のちに文部大臣）は、混乱が続いたあとだけに「改革の善し悪しはどうであれ、制度を定着させる必要がある」として、改革に手を加えることはしませんでした。それだけに、のちに自ら文部大臣となって審議を求めた中教審による改革には、満を持していたという印象を受けました。

それから4年たった今年（2003年）の入試はどうなったのでしょうか。少子化が進んでいるのにもかかわらず、例年以上に難関という現象がおきました。センター試験は、55万5千人あまりと過去最高の受験者となりました。私立大学の7割までがセンター試験に加わるようになったことに加え、長引く景気の低迷で、授業料の安い国公立大学をめざしたことも受験者増につながったとみられます。しかし、もう一つ見逃してはならないのが浪人の動向です。3月に高校を卒業する予定の若者は去年（2002年）より3万6千人余り減ると見込まれ、その影響で現役の志願者は8300人減りました。ところが、浪人の志願者は8900人増えたのです。浪人が志願者数を押し上げた格好になりました。その浪人たちは、去年どこの大学にも入学しなかった「初めからの浪人組」の数よりも多くなっています。つまり、去年どこかの大学に一旦入学したけれどその大学に満足せずにやめて受け直す「再チャレンジ組」や大学に在籍したままほかの大学を受験する「仮面浪人」が増えたことになるのです。

では、その背景には何があるのでしょうか。

大学のブランド志向の高まりを上げることができるように思います。私立大学は、受験生が殺到する「ブランド型」の大学と比較的簡単に入れる「大衆型」の大学とに二極分化しています。この不況下、将来の就職のことを考えるとどうしても「ブランド型」の大学に入りたいという受験生心理が働くとみられます。これに関して興味深いデータがあります。代々木ゼミナールが私立大学のうち受験生に人気のある40大学に絞って志願者数をまとめたところ、すべての私立大学に占める割合は6割近くに上っていました。年々集中する傾向にあり、一握りの大学が受験生を集めるブランド化を示しています。

「ブランド型」大学に入りたいからと何校も受けるかけ持ち受験が増えています。浪人では、平均で6〜7校受けるのはザラだと言われます。というのも、一連の大学入試改革によって来年（2004年）から国立大学の多くが受験科目数を増やして5教科7科目となります。国立志願者は今年のうちに合格しておかないと来年から勉強する科目数が増えるかもしれない、それなら今年のうちに決着をという心理が働いたとみられます。また、たくさん受験しても今年のうちに合格してしまえば、浪人するより結果的には安上がりという計算も働いたのではとみられています。

来年には国立大学が独立行政法人になります。また、3年後

（2006年）には新しい学習指導要領のもとで学んだ高校生が卒業します。そのたびに入試が変わることになります。またしても、先の読みにくい入試が受験生を右往左往させたようです。

2006年の入試からセンター試験に英語のリスニング試験を導入することが正式に決まりました。導入にあたっては、受験する場所によって不公平がおきないように、ヘッドホンを使う方式や各試験会場でテープを再生する方式などが検討されました。ところが、ヘッドホンは、故障しているかどうか見分けがつきませんし、志願者60万人分を事前に点検するのは事実上不可能です。教室ごとのテープの再生では、隅々まで音が届くとは限らないし、テープの取り違えや操作ミス、機器の故障も考えられます。ということで、いずれも不採用。校内放送を使うことになりました。ところが、大学で校内放送を備えているところは案外少なく、結局、会場を大学から高校に移すことで対応することになりました。これによって、試験会場が現在700弱なのが、1000を超えることになるだろうと予想されています。24年前に共通一次試験が始まって以来、センター試験は大きく姿を変えることになります。

中教審、大学審と続いてきた今の大学入試改革。提言されながらまだ結論の出ていない課題が残されています。たとえば、知識を問うだけではなく思考力や表現力をみる教科・科目横断型の総合問題のセンター試験への導入、センター試験の成績を1点刻みではなく一定の水準を越えているかどうかの判断材料に使う方法、これらを実施するかどうか、まだまだ議論すべきことはたくさんあります。高校までの教育内容に大きな影響を与えることになるだけに、大学の思惑調整に終わらずに、キチンとした教育論として大学入試を議論してほしいものだと思います。

受験生が高校に入学する時点で、どんな入試になるのか決まっていなければならないという不文律があります。しかし、現在のところ見通せるのは2006年までの入試の姿だけです。関係者には、じっくりと、しかし、ゆっくりではなく、先を見通した議論を求めたいと思います。大学入試がこの国の教育の姿を変えるかもしれないからです。

まとめ…①
学ぶ意欲を取り戻すために

今、日本の子どもたちの学ぶ意欲の低下が大きな問題になっています。なぜ学ぶ意欲は低下したのか。意欲を取り戻すためにはどうしたらよいか。教育現場の取り組みを通して考えます。

Guest commentator

汐見稔幸
東京大学大学院教育学研究科教授。3人の子どもの育児にかかわってきた体験から、父親の育児参加をよびかけている。著書に『教育からの脱皮』『こうすれば学校が変わる』など多数。

■学校以外での勉強時間　1日およそ25分

子どもたちの学ぶ意欲、つまりもっと勉強したいとかもっと知りたいという、教育では非常に大切なこの意欲が低下しつづけているといわれているなかで、その意欲をどう取り戻していったらよいのか考えてみたいと思います。

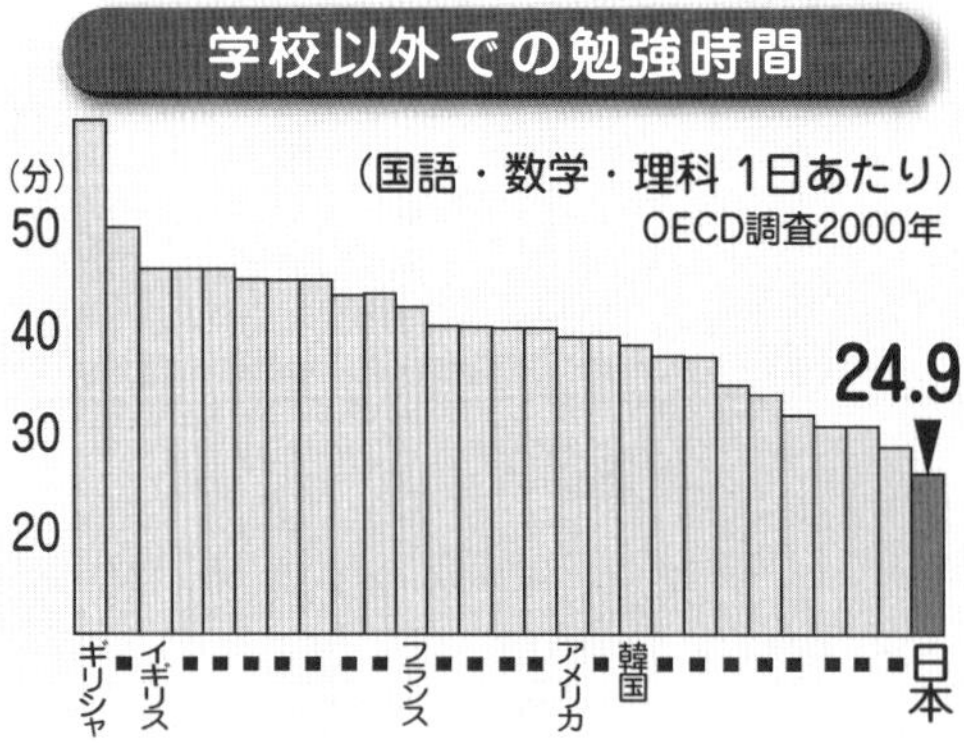

ＯＥＣＤ経済協力開発機構が加盟27カ国の15歳の生徒を対象にして、学校以外での勉強時間を調査した結果があります。日本は１日およそ25分、最下位となってしまっています。いわば先進国の中で、最も勉強しない国になってしまったともいえる日本ですが、子どもたちの学ぶ意欲は年を追って下がり続けているという調査もあります。データをもとに、なぜ学習意欲が低下し続けているのかを探りました。

学ぶ意欲は低下し続けた

江ノ島を望む、人口38万人の神奈川県藤沢市。藤沢市教育文化センターでは35年間にわたり、市内の公立中学校に通うすべての中学3年生を対象に「もっと勉強したいですか?」というアンケート調査を続けてきました。

この35年の間に「もっと勉強したい」と答えた生徒の割合は、下がり続け、最新の調べでは、23・8パーセントにまで落ち込んでいます。しかし、調査が始まった１９６５年には65・１パーセントにのぼっていました。その後、「もっと勉強したい」と答えた生徒の割合は激減し、１９７５年には、45・９パー

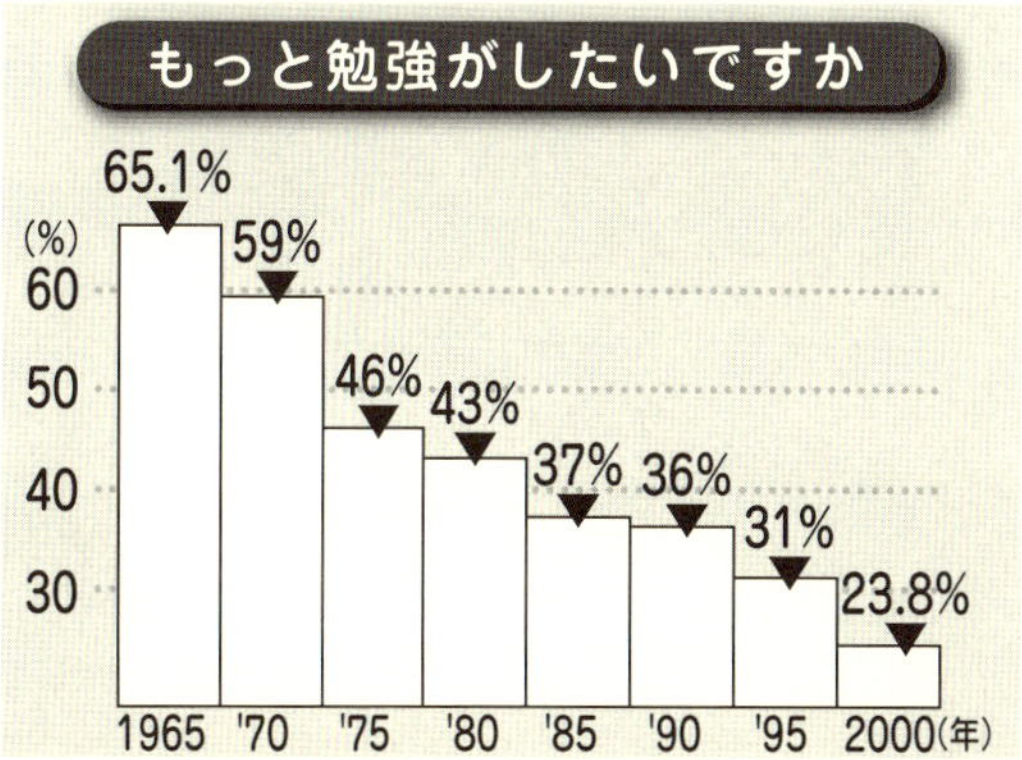

セントとなりました。

当時、科学技術が急速な進歩を遂げており、授業の内容は、大幅に増やされ、難しくなっていました。１９７１年、ショッキングな調査結果が公表されました。国の研究機関が調べたところ、中学生のおよそ半数が、授業を理解していない、いわゆるおちこぼれであることがわかったのです。

藤沢市のさまざまな年代の人に、中学時代の学校の様子と勉強への意欲について聞きました。

「聞こえる音としては、先生が黒板に書くチョークの音、カツカツカツという、あの音がとても響き渡るような静寂とした授業でした。昨日までの勉強のことを消化していないのにまた次のステップの勉強をするっていうのはいいのかなっていう感じがありましたよね」（１９７３年中学卒業、山口博之さん）

藤沢市の調査で「もっと勉強したい」と答えた生徒の割合は、下がり続け、１９８５年には37パーセントになりました。授業についていけない生徒の中には非行に走るものも出てきました。80年代に入ると、生徒の不満のエネルギーは、校内暴力となって全国に広がります。

「学校の窓ガラスが割れるのは当たり前だと、消火器を廊下でぶんまいている生徒がいて銀世界になるのが当たり前だと。なんで授業に出ないの、一緒に授業出ようよといっても『まあわかんねえし、つまんねえからよ』そういう答えでした」（１９８６年中学卒業、宮土光さん）

しかし、当時の文部省は、校内暴力を管理教育で押さえようとしました。１９８２年に出した生徒指導のマニュアルでは、学校の秩序を乱す生徒を早期に発見するため、服装検査や校内の見回りを徹底させることを、学校現場に求めました。

90年代に入っても「もっと勉強したい」と

答えた生徒の割合は下がり続け1995年には31パーセントになりました。

「学校や授業にそんなに期待をしていなかったと思うんですよ。もうここで自分は何かかわったりとか、大きな感動を得たりとかはできないんじゃないかという。もっと別の場所に面白いことが、楽しいことがあるんだというふうに、あきらめていたんじゃないかな」

（1988年中学卒業　藤内美穂さん）

いじめ、不登校の激増、学校崩壊。その後も、教育現場は次々に発生する問題の対応に追われ、授業についていけない生徒への効果的な対策は行われないままでした。1998年の文部省の調査でも、中学生の半数が授業を理解していないと回答しています。

　2000年、藤沢市の中学生の学ぶ意欲のデータは、23・8パーセントにまで落ち込みました。「もっと勉強したい」と答えた生徒の割合は35年間で3分の1にまで減少したのです。

なぜ学ぶ意欲は低下したか

——低下し続けている学ぶ意欲をどう取り戻していったらいいのか、一緒に考えてくださるゲストをご紹介します。東京大学大学院教授の汐見稔幸さんです。汐見さんは教育人間学がご専門で、不登校や校内暴力、学力向上になどについてどう解決していったらいいか、現場の先生と一緒になって考えていらっしゃいます。

　汐見さん、藤沢市の調査をどのように受けとめますか。

汐見　ショックな結果ですが、たぶんこれは藤沢市だけではなくて全国的な傾向だと思います。今、日本の子どもは世界の中でも最も勉強しない、ということで問題になってきているんです。

——学習意欲はずーっと低下しているんです。

汐見　ただそれは、単純に子どもたちが、無気力化してきたということではなくて、社会のある傾向を素直に反映しているんだと私は思っています。一般的に社会が貧しいときには、みんな豊かな国にするためがんばって勉強しようとします。だけど実際に生活が豊かになってきますと、国を豊かにするためにがんばろうとか、家の生活を豊かにするためにがんばろうという動機が減ってきます。つまり、あまり勉強しなくてもいいじゃないかという気持ちが蔓延します。ですから豊かになれば、勉強時間や勉強意欲が一般的に下がりがちなんです。

同時に日本の場合、受験というものが勉強の最大の動機づけとなってきたという事情があります。なんで勉強するのかといったら、受験があるから。なんで受験するのかといったら、良い学校に入って良い会社に入れば一生幸せになれるからと。ところが現在、受験の圧力が緩和されてきたのです。ひとつは大学の募集定員と大学に入りたいという学生の数がほぼ同じになってきたことです。ぜいたくいわなければどこかに入れてしまう。

もうひとつは、終身雇用制も崩れてきて、大きな会社に入れば一生幸せだという方程式も崩壊してきたことです。だからしゃかりきになって受験勉強して大学入ってもなんぼのもんだという感覚もあるわけです。すると、当然受験めざして勉強するという動機はだんだん弱くなっていきます。そういう受験の圧力がだんだん弱くなってきたということがもうひとつの背景にあって、それが素直に学習意欲の低下に出ている。そうしますと、受験以外の動機づけというのが、必要になってきたけれど、それをまだ与えきれていない、そういう数字かもしれないと読みます。

――でもどこかで歯止めをかける時期というのは、なかったのでしょうか。

汐見　70年から次の75年の下がり方が非常に大きいです。

実は60年代から70年代にかけての頃、科学技術の時代だからということで、学校教育が非常に難しくなってきたということがありました。このとき何かしなければいけなかったのですが、そのとき、同時に情報化だとか、消費化、国際化というのがいっせいに起こるのです。このあたりからコンピューターなどのことも含めて教育内容や教育の方法を大きく変えなければいけなくなった。こういう難しい課題を短期にこなさねばならなくなって、混乱が始まったのですね。子どもたちは、なんでそういうことをやらなければいけないのかと荒れたわけです。

――学校の現場が荒れました。

汐見 80年代はじめに校内暴力がたくさんあったときに、本当はやり方を切り替えなければいけなかったのですが、実はあまりうまく切り替えられなかったために2000年につけがきたというのが、この23・8パーセントという数字ではないでしょうか。

――80年代の当時になんとか意欲を引き出そうという現場の試みがありました。その様子を番組では記録していました。

80年代にわかっていた、意欲を引き出すために必要なこと

東京郊外の住宅地にある中学校です。この学校では1980年ごろから、校内暴力が始まり、やがて全校に広がっていきました。教師たちは、初め、荒れる生徒たちを、力で押さえ付けようとしていました。それに対して、生徒は反発するだけで、校内暴力は一向に治まりませんでした。

かつて、校内暴力に団結して立ち向かった教師たちは、今も年に一、二度、集まりを持っています。生徒の指導に追われた毎日、学ぶ環境ではなくなっていた学校。荒れと格闘した当時の話を聞きました。

先生 「万引き、授業遅れ、喧嘩、リンチ事件、他校と接触、シンナー、家出3回、バイ

ク無免許で乗って捕まった、恐喝」
女教師「大変だった。まずとにかくドアのところでひと呼吸深呼吸しないと教室に入れないくらい怖かった。私が座ってねと言って、後ろに行って座んなさいよと言ったら、『うるせえ』とバーンと突き飛ばしたの。私、黒板まですっ飛んだよ。教室の後ろから。かろうじて倒れなかったけどね。そのときすっごく悔しかったの。泣いた」
男教師「学校にくるPTAの人が私の目を見て、刑事の目だったと言った。落ち着いてきたときに、やっと先生の目に戻ったたって。あのときもショックだった。自分でそのときは必死になってがんばったことが、刑事の目をして子どもを見ていたというときに、ああ情けないなと思った。悲しかったね、すごく」
なぜ生徒は荒れるのか。悩み抜いた教師たちが始めたのが、放課後の勉強会でした。
力や校則で押さえ付けるのではなく、生徒一人ひとりと向き合い、わかる喜びを知ってもらおうとしたのです。すると生徒の荒れは、次第に治まっていきました。
女教師「私も国語なんだけど、数学教えたり、ねえねえ最近どうなのよとか、くだらない世間話をしながら、えっすごいじゃん、格好良いじゃん、とか。最近頭ちょっと凝ってるねとかね。そういうくだらないこと言いながら話ができる関係をつくっていく。そうすると、だんだんだんだんなんて言うかな」
女教師「少なくとも授業中邪魔はしなくなるよね」
女教師「邪魔はしなくなる、うん」
女教師「子どもたちは、すごくのびのびと嬉しそうに夜学習はやってたね」
男教師「初めて自分をていねいに家庭教師のように見てくれると、それにきちっと付き合ってくれることがうれしかったのではないかな。わかると、わかっただろう？って一緒に喜ぶ」
女教師「うれしかったのね」
男教師「うれしかったし、あっここがわかってくれたと。初めて喜びの共感ができて、それがその子にとっては、あまりなかった経験なんじゃないの」
女教師「だから意欲はまったくゼロではなかったんですね。教師にゆとりがあれば、もうちょっと面倒を見られたって思うね」

■授業がポイント

――当時のこの中学校の試みはいかがですか？

汐見 似たような体験を私も中学校でやっていましたので、そうだったなと半分懐かしく思い出しました。この体験というのは、非常に教訓的です。ほんとうにわからなくなっている子どもたちに何とかわからせてやろうという努力が確かに成功していますが、同じようにやったところでも、もっとドリルをやろうといったような学校はまた荒れたのです。わかってほしいという願いと同時に、教師自身が高圧的にならずに生徒のところまで降りて行く、そして同時代人として「あんたがたも大変だよねー」という形で親しく接しながら子どもたちにわからせていく、それをやったためにうまくいっているのです。子どもたちは、教師が自分たちの目線まで降りて来てくれて、聞いてくれる、僕たちのことをわかってくれるというのがあれば、良い面を出せるのです。それが荒れてくるために、教師たちが返って高圧的になってしまった学校は、もっとひどくなっていきました。

――生徒たちの目線に降りて行っても、学ぶ意欲を回復するまでの作業にはなっていませんでした。

汐見 当時、いくつかの学校で学力がついていない、授業がわかってないということで、回復授業をやったのですが、それが子どもたちがほんとうに求めていたものかどうか、そのあたりはまた別なのです。受験だけの圧力ではだんだんやらなくなってきた。そうではなく、知るっていうことはこんなにおもしろかったんだね、あるいは21世紀を担ったときにこういうことが必要だねというような体験、つまり内発的な意欲をかきたてるような授業というものが必要だったのですが、まだそこまではあのときはいっていなかったのです。

—— 応急処置的な形だったのですね。根本的な部分の解決になるひとつの手掛かりとして、初めて文部科学省が「学ぶ意欲」に関する調査をしましたが、その中で、どんなときに勉強をやる気になるのかを中学生に聞いた結果です。1位が「授業がよくわかるとき」2番が「授業がおもしろいとき」3番目が「将来つきたい職業に関心をもったとき」。わかっておもしろくて、動機がもてるということです。

汐見 非常に素直です。1番目、2番目は当然でしょう。それから3番は勉強したことで自分が将来何をしていったらいいか見えて来たということですね。単に受験ではなくて、授業の中身そのものが自分が生きるということに役に立つ、ためになるそして自分自身が見えてくる、そういうものになってくれたら、私たちやる気はするよということを正直に言っているわけです。受験の外圧ではなくて、授業の中身そのものが子どもたちをひきつけていかないと、今はなかなかやる気にならないということが、はっきり出ているのではないでしょうか。

—— 子どもたちの内面から学ぶ意欲がわいてくるような形にもっていかなければいけない。

汐見 今はそうです。

—— そのためには、今は大きなチャンスだと思います。教育改革によって授業内容は3割削減されましたし、総合的な学習の時間ですとか、選択授業など学校や先生が自由に使える授業も出ています。

どんなときに勉強をやる気になるか

（中学生）

1. 授業がよくわかるとき
2. 授業がおもしろいとき
3. 将来つきたい職業に関心をもったとき

（国立教育政策研究所調べ）

汐見　それらの授業をうまく生かして、意欲がわく授業を作り出していただきたいです。

――そのなかで子どもたちの意欲を引き出すための新しい授業の試みというのを、11月9日放送のNHKスペシャルで取材しました。その一部をご紹介しましょう。

身近な題材で意欲を向上させる「よのなか科」

東京杉並区にある向陽中学校では、身近なことから、世の中の仕組みを考える、新しい社会科の授業がこの春から始まっています。

最近、この学校でも、授業に集中できない生徒が目立つようになってきました。そこで教師が内容を自由に工夫できる選択学習の時間を使って、生徒が興味をもてるような授業を作ろうとしています。名づけて「よのなか科」。この日のテーマは税金です。身近な放置自転車を通して考えます。

よのなか科を始めた杉並区教育委員会の藤原和博さんは元大手企業のビジネスマン。外部パワーとして、これまでにない発想で、授業を変えてほしいと招かれました。

藤原さんが、教育の世界に飛び込んだのは、息子が使う社会科公民の教科書を見たことがきっかけでした。政治と税金のページにびっしりと書き込まれた税金の種類。生徒には、テストのための暗記が求められていました。どうすれば、暗記に頼らずに、社会の仕組みを知ることができるか。藤原さんは考えました。

「世の中と公民の教科書との間に、ものすごく差がありましたので、この教科書だけで世の中はこうだというふうに教えられたら、子どもたちは世の中をあるいは社会を嫌いになってしまうかもしれないなあと思いましたか

ら」（藤原さん）

藤原さん「放置自転車をなくすにはどうしたらよいか、グループでディスカッションしてもらって自分の意見をそれぞれ伝えあって」

生徒「無料駐輪場を作るとかさ。駅前に」

生徒「柵とか。作っちゃうとか」

よのなか科では生徒の発言が、何より大切にされます。

間違えたってかまわない。生徒たちは、自由に自分の意見を出し合います。

男子生徒「回収した自転車をリサイクルショップに売ってその売上で駐輪場を作って、その駐輪場をただにすれば、だんだんなくなってきて、そのうち少なくなる」

男子生徒「簡単に取れないような目印を自転車につけて、それがいくつかたまると、罰金や一定期間乗っては駄目というように、自動車の資格ならぬ自転車の資格というのを作ったらいいと思います」

よのなか科の授業に教科書はありません。授業の中身は、毎回話し合いで決めていきます。

藤原さんと二人三脚で授業を進めているのは、この学校で社会を教えている加藤毅先生です。

藤原先生「前段のテンポの良さを加藤先生にぜひ期待したいですよね」

加藤先生「十人十色なんで、いろんな人間がいるから、時間をかけてやらないとわからないじゃないですか」

教師になって8年になる加藤先生と、元ビジネスマンの藤原さん。新しい授業は、2人の真剣なぶつかりあいの中から生まれます。

放置自転車を通して、税金について学ぶ授業。加藤先生は、生徒の興味を引く話題を探して駅前にやってきました。

加藤先生「撤去費が3千円……」

加藤先生は思わぬ発見をしました。放置自転車を引き取る際の手数料は3千円。一方、撤去などにかかる区の負担は3千583円。赤字分は税金でまかなわれていました。

加藤先生「放置自転車を回収して、回収のときにお金を払います。その払うお金、たとえば2千円ないし3千円。この2千円ないし3千円で区に完全に儲けが出ているんだと。いわゆる税収の一部と思っていたんですけど、それが違うとわかったから大きな収穫。これは生徒に説明したいと思います」

加藤先生「一台についてでも583円の赤字が出ているわけです。持って行くだけでもです」

この授業のねらいは、放置自転車に杉並区の税金がどれだけ使われているのかを考え、税金の大切さを知ることです。

藤原先生「はい、刻んだね240万円。（黒板に書く加藤先生）108万円。あっ10億円。出ました10億円。それくらいかかると思う?」

生徒「はい」

杉並区の放置自転車対策費は年間7億2千万円でした。

藤原先生「10億円、いい勘してたんですよ。すごくいいですよ、その感覚は。7億2千万ですよ」

身近な放置自転車に、莫大な税金が使われていることを生徒は学びました。

藤原先生「税金から出ているんですよ」

生徒 おもしろいです。身近なことを、改めて考えられるから

生徒 社会とか、前はすごく嫌いだったんですけど、よのなか科を通じて、だんだん授業に対する積極さが出て、ちょっとうれしいかな

「子どもたちが、はじめから意欲がないわけではなくて、対象となる世の中と自分との間に関係性が見つけられないだけだと思うんです。関係性を見つけられれば、自分は世の中の一部であり、自分が一部ですから世の中にたいして、働きかければ世の中は変えられる

んだってことを示してあげられれば、意欲が自然に出てくると思いますし、そのことが、ほかの教科の学習やもっと知識をつけたほうがいいなという動機づけにつながると考えています」（藤原先生）

■学ぶ意欲を取り戻すために

――向陽中学校の授業の試みですが、学ぶ意欲を引き出すための授業のポイントというのを、汐見さんどう考えていますか。

汐見　今の授業の中にたくさんのことが示唆されていたような気がします。最初藤原さんが、あの教科書の図式だけでは社会が嫌いになってしまうかもしれないとおっしゃっていました。それに対して、逆になんとか社会をもっと好きにさせたい、そのためにはリアルな社会認識というんでしょうか、目の前のことがどういう仕組みで行われているのかということを子どもたちにもっと考えさせたいという強い気持ちがありましたでしょう。

どうしても知らせてやりたい、感じ取らせてやりたいという強い気持ちが教師の側にあるかどうか、これが決定的に大きいと思います。それからもう一つは加藤先生が自分で歩いてある発見をして、あっこれを授業に使おうというのがありました。教師自身が感動したり、疑問を持ったりしたことじゃないと、子どもたちは感動しないです。そういうものを一生懸命探しておられた。これも一つのポイントです。

それから感動する授業というのは、教師一人の力ではなかなかできない。感動のある授業では、本物の文化を見せることが大切になりますが、本物になればなるほど、いろいろな人の手を借りなければいけません。学校がいろいろな人をどんどん集めてきて、上手に活用するというやり方も、またこれから大事なのではないでしょうか。

——先日のNHKスペシャルにはたくさんの反響が寄せられていますが、その一部をご紹介しましょう。まずはさいたま市にお住まいの方です。「杉並区立向陽中学校の授業は、子どもたちに、ほんとうにためになり、役に立つすばらしい内容でした。教育とは子どもたちが興味を持った事柄に対し、その勉強方法を教えてやる事だと思います」。次は40代の教師の方からです。「教師が生徒に合った教材を用意することは大変なことなのです。みんな、生徒指導や行事などいくつもの仕事を抱えた上で、遅くまで学校に残って、または家族が寝静まった深夜に教材を用意しているのです」ということで、教師の現場も大変だという声も寄せられています。汐見さん、現場ではどういう取り組みが必要になってくるとお考えですか?

汐見　ご存知のように4月に学習指導要領が新しく大きく変わりました。そのために先生方は新しい準備をいっぱいしなくてはいけない。従来のやり方と違うやり方を自分も学びながらやらなければいけないのです。そういう意味ではすごく多忙になっています。同時に良い質の授業が要求されているわけです。だから、先生方がいろいろなことを貪欲に学べる肉体的精神的なゆとりを持てるかどうか。これは決定的に大事になっていると思います。そういう意味で率直にいって、日本の学校教育の先生方の一人当たりの生徒数というのが多すぎると思います。一クラスまだ40人程度です。できるだけ早くもっと少なくするというか、先生方がもっとゆとりを持って、いろいろなところへ出掛けて教材を探してくるということができることが、まず大事です。そのために、社会が応援しなくてはいけない。先生方を励まさなくてはいけない。そのことを強く感じます。

——先生の数をもっと増やして、先生一人ひとりが学べるゆとりというか時間が持てる。ゆとりの教育というのは、やっぱり先生そのものもゆとりを持たなくてはいけないということですね。

汐見　先生自身にゆとりがないとできません。

（2002年11月21日）

まとめ…②
学力にゆれた1年

Guest commentator

鈴木光司
作家。『楽園』でデビュー。2人の娘の子育てをしながら執筆した『リング』、『らせん』、『ループ』シリーズがベストセラーになる。

Guest commentator

マルシア
ブラジルサンパウロ出身。17歳までブラジルで育つ。その後来日して歌手・タレントとして活躍中。ブラジルの大学では建築を専攻し、建築家を志していた。現在、5歳の女児の母。

子どもたちの学力が低下しているのではないか。今、教育現場に大きな波紋が広がっています。

2002年、文部科学省は小、中学生の学力調査を行いました。小学5年生の円の面積を求める問題で、正解は半数に過ぎませんでした。学力低下の議論のきっかけは、2002年に導入された新学習指導要領です。総合的な学習の時間が始まる一方で、授業内容が3割削減されました。

学力を向上させるために、少人数学習や習熟度別授業などが多くの学校で取り入れられるようになりました。子どもたちの学力は、ほんとうに低下しているか。学力向上のために、何ができるか。文部科学省の調査をもとに「学力」にゆれた1年を見つめます。

■学力三本柱

子どもたちの学力について考えてみます。この1年、教育現場は学力低下の議論に揺れました。議論のなかで起きたさまざまな動きを、文部科学省の調査をもとに見つめます。２人のゲストを紹介しましょう。歌手のマルシアさんと作家の鈴木光司さんです。マルシアさんは５歳のお子さんの子育ての最中ですが、そのお子さんにはどんな学力を身につけてほしいですか。

マルシア 自由に自分で歩んでほしいです。自由のなかで自分で選ぶ、考える、どうやって自分の個性を出すか、どうやって大人になっていくか、自分の道をつくっていくのが理想です。そして困難にぶつかったときに、どうやってそれを乗り越えられるか、ふつうの大人がやっていることです。

――鈴木光司さんは、文壇最強の子育てパパとして、小学生と高校生のお嬢さんを育てていらっしゃいますが、どういう学力をつけてほしいですか。

鈴木 ひとつのことに興味を持ったら、自分の力で調べて、そして次々と疑問が連動して出てきたらそれに対して興味があったらまたどんどん調べていく、ひとつのところをとっかかりにして、新しい分野を開拓してどんどん広げていってもらいたいです。いったんそうなってしまったら、親が勉強しろなんていう必要はないのです。でもそこまでいくのが、大変なのです。人間からの刺激、人間関係のなかで、考える力や学力が生まれてくるのではないかなと思います。

――そしてもう一人、早川解説委員にも加わっていただきます。早川さん、学力をめぐっていろいろな議論がありました。この「学力」をどう捉えていけばいいのでしょう。

早川 大ざっぱにいいますと、社会の中で生きていくために必要な力、ということがいえると思います。もとになりますのが、「基礎基本」と「考える力」ということです。「基礎基本」といいますのは、俗に読み書きそろばん、今風にいいますと読み書き計算がこれに当たります。ただこうした知識をいくら詰めこんでも、それを生かす考える力がないと、難しいことも、そして世の中のほかの人と議論したり、交渉したりすることもできません。だから「基礎基本」と「考える力」は、それぞれセットの関係なのです。

――マルシアさん、この二つ大切ですよね。

マルシア いちばん大事なことですよね。「基礎基本」を知らないとやっぱり生きていけません。

――でも、この二つだけではやはり足りないですよね。

早川 これを支えるために、もう一つ忘れてならないのは、「学ぶ意欲」だろうということです。学力低下が議論される背景に、この「学ぶ意欲」の低下というものがあるのではないでしょうか。「基礎基本」「考える力」を生かして、子どもたちが自分で面白そうだな、と思えば自分で進んで学んだり、あるいは調べたりするということになる。そうした学習意欲を高めようとしたはずなのですが、今は低下してしまっているといわれています。

ではどうするのかということですが、「基礎基本」「考える力」そして「学ぶ意欲」、この三つのバランスをどうやってうまく取るのかということが、議論されているのです。

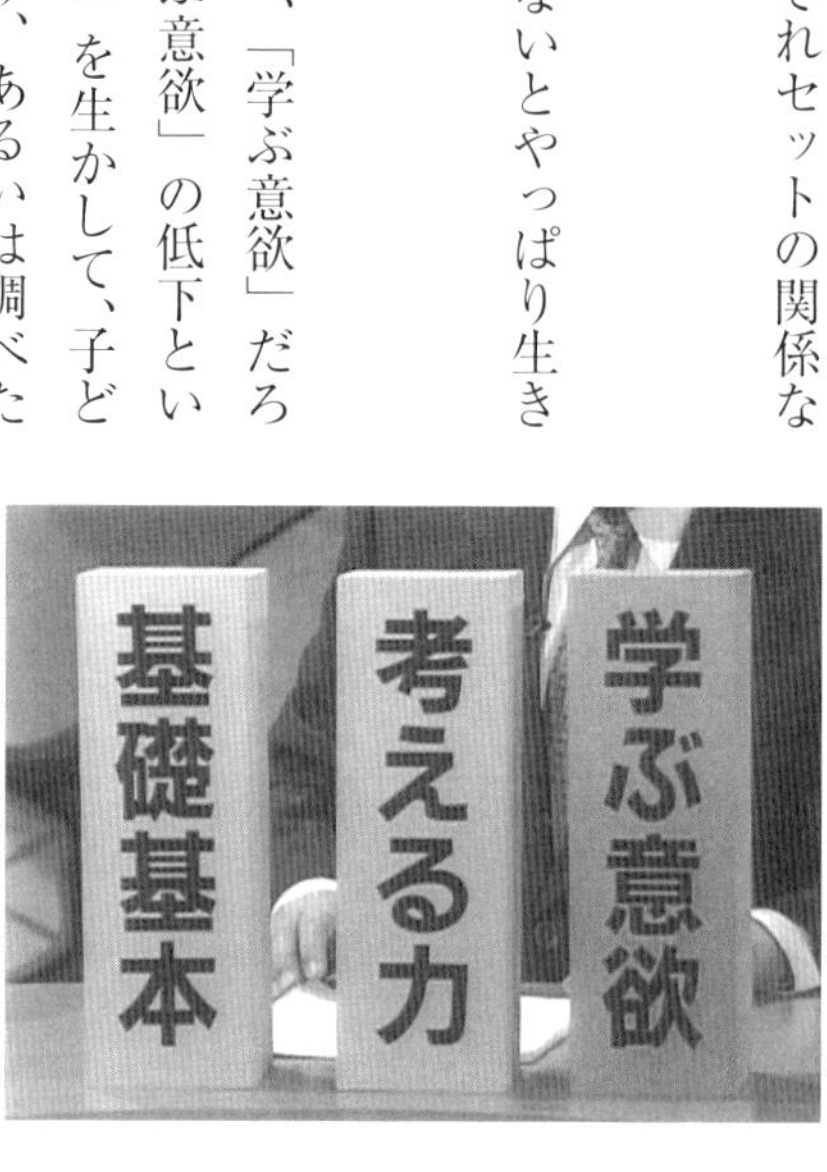

――鈴木さん、この「学ぶ意欲」というのは、大切ですね。

鈴木 大事です。小説家になる前に家庭教師をやっていた時期があるのですが、中学生を教えていました。教えていた中学生は、意欲が何もないのです。なぜ意欲がないのかとずっと考えていたら、小学校の基礎ができていないということがわかりました。そこからやり直さなくてはだめなのです。

それから、最近大平光代さんの『だからあなたも生きぬいて』という本を読みました。大平さんは今は弁護士として活躍していますが、中学校時代そんなに勉強しなかったのです。でも20歳過ぎてから、一念発起して私は司法試験に受かるんだと、ものすごい意欲で勉強し始めた。中学校からやり直しです。それで一度で突破してしまったのです。これは意欲が基礎の力をがっと引っ張ってきたというすごい例です。この大平さんの場合は極端ですが、とにかく意欲と基礎は表裏一体のものだと思います。連動しなくてはうまくいかない。

——学力低下という議論が出てきたのは、やはりゆとり教育への批判と考えていいですか。

早川　戦後日本の教育は、知識重視型でやってきました。ところが受験競争とか、塾通いへの過熱ということが問題になったので、20年ほど前にゆとりの教育というのが打ち出されました。今の学習指導要領は、そのゆとり路線の完成をめざしたものです。学校週5日制に合わせて総合学習を新設したり、学習内容の3割削減に踏み切ったりしました。これで基礎的な知識が不足するのではないかと議論が高まったのですが、当の文部科学省自身がそうしたことへのデータを持っていませんでした。そこで2002年、全国的な学力調査をしたということです。

——調査の結果をもとに、ほんとうに知識レベルが低下したのかということをみてみたいと思います。この調査は、全国の国公立と私立の小学5年生から中学3年生までの45万人余りを対象にして行われました。前回と比べていますが、前回というのは、平成5年度から7年度にかけて行われました。同じ問題で比較すると、正解者の割合が、小学校の算数、中学校の数学でも軒並み下がっています。そして社会科のところでも小、中学生ともに下がっています。

2002年全国的な学力調査結果

	小5	小6	中1	中2	中3
国	→	→	→	→	↗
算数 数学	↘	↘	↘	↘	→
理	→	↗	→	↘	→
社	↘	↘	↘	↘	→
英			↘	→	↗

（2002年文部科学省）

マルシア　まずいですね。なぜこういう結果になっているのでしょう。基本的に覚えようとしないとか？　どうしてなんでしょう。

鈴木さん。

鈴木　これはまずいです。

そのまずい内容を具体的に見てみますと、小学校5年生の算数の円の面積を求める問題。半径が10センチ。円周率は「3・14」を使って求めよという問題ですが、公式は「半径×半径×3・14」ということで、単純に10×10×3・14で、314平方センチメートルという答えが出るわけですが、正答率が53・3パーセントで、なんと前回よりも15・8ポイント下がったということです。これは公式に当てはめればできるわけですから、基礎基本の部分ができていないということになります。

マルシア　親として不安です。来年うちの子が小学校ですが、こういう結果になると不安です。うちもちゃんとしなきゃなと思います。

授業さえきちんと聞いて、ごく普通に公式に当てはめればできる問題です。

マルシア　問題がどこにあるかではないと思います。やはり先生の授業のやり方も問題ではないかなと思います。

そうですか。授業のやり方とそれにのぞむ子どもの問題というのがあるのでしょうね。基礎基本ができていないという話がありましたが、こちらは中学1年生の社会の問題です。データを自分で読みこんで、その答えを自分なりに書く問題です。

「この国が農牧業を中心とした国だ、と思われるその理由を書きなさい」という問題です。その理由を書か

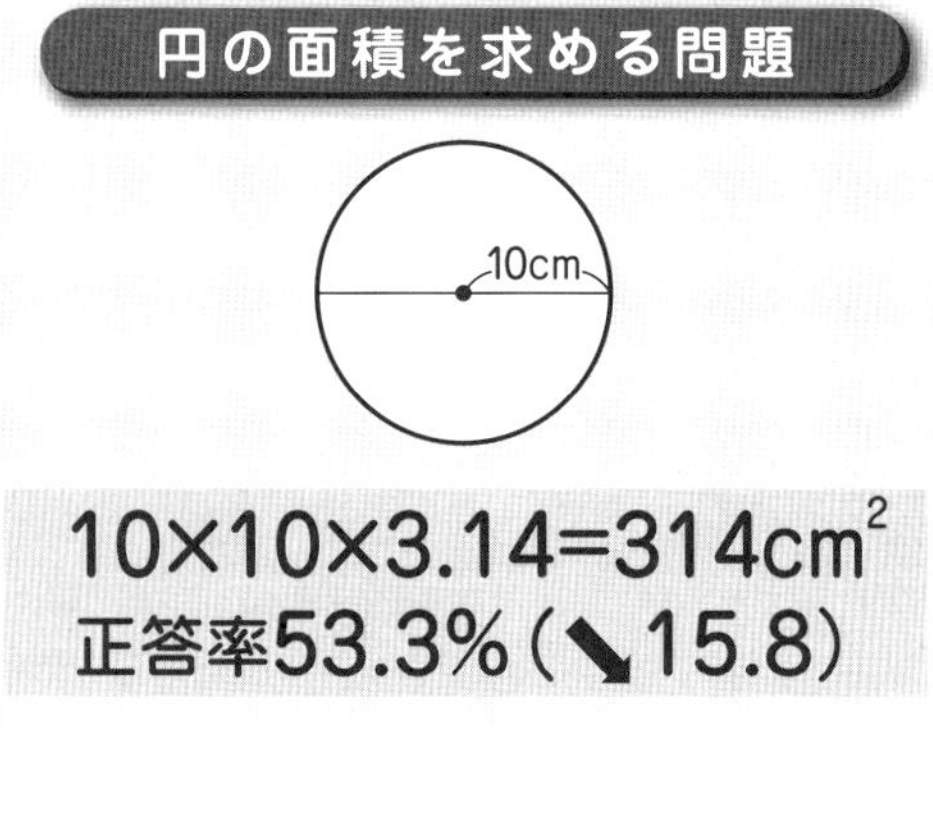

なければいけません。面積、人口、首都の海抜、そして第一次産業の人口率と第二次産業の人口率が出ています。

　正しい答えは「第一次産業の人口率の割合が高いから」。第一次産業というのは、農林水産関係の仕事ですから、その人口率が高いということは、農牧業を中心とした国だという答えです。正答率が22パーセント、間違った答えが33パーセントですが、問題なのは、半分近くの45パーセントが何も書かなかったということなのです。

鈴木　いけません。何か書けばいいじゃないですか。何だって書けますよ。第一次産業が何かわからなくても、第一次産業率が高いという特徴は読み取ることができるわけです。何も知識がなくてもある程度予測がつきます。

マルシア　考えようともしていない。

——　考えれば何か書きますよね。

鈴木　頭の中は真っ白というか、面倒臭いやと思っているわけじゃない？　それがいけないです。

——　ということは、考える力を伸ばそうとしてきた文部科学省の方針ももうひとつ成果があらわれていないということになります。その背景には、どんなことがあるのでしょう。

早川　今のは「基礎基本」と「考える力」ということになると思いますが、それと同時に「学ぶ意欲」も心配だというデータも出ているのです。今回の調査は同時に学習意欲についてもアンケートで聞いています。小、中学生の8割以上は「勉強は大切」だとは思っています。ところが「勉強が好き」という割合は、小学生

中1の社会の問題

この国が農牧業を中心とした国だ、と思われる理由は?

面積	110万km^2
人口	5,200万人
首都の海抜高度	2,320m
第1次産業人口率	88%
第2次産業人口率	2%

第1次産業人口率の割合が高いから

で2人に1人、中学生は5人に1人なのです。中学生は学校の授業以外に勉強をまったく、あるいはほとんどしていないという答えが40人のクラスにしますと、5人はいるという割合になります。勉強嫌い、学習離れがうかがえる結果です。

――親としては心配ですね、マルシアさん。

マルシア　勉強嫌いというのは、嫌いになった理由が何かあると思います。嫌いにさせない方法を教えてほしい。

早川　それは今回の学力調査の中にちょっとしたヒントが隠されています。たとえば宿題を出したり、放課後に指導してくれたりという先生に教わっている子どもは、平均点が高いのです。

鈴木　ゆとり教育の逆ですね。

早川　先生の指導によっては学力が高まるということで、いわば当たり前のことかもしれません。学力向上のカギは学校の取り組みにあるのではないかということが見えてくるかなと思います。

――逆にゆとり教育をめざして、本来だったらその時間を利用して意欲を引き出すような面白くなるような授業ができていれば、うまくいったのではないかという感じがします。

鈴木　それもやはり難しいですよね。なにしろ先生が一人で40人の生徒を相手にしながら意欲を引き出すのですから。僕が父親として、娘と1対1でつきあって、その娘から意欲を引き出すのさえものすごく難しいのですから、大勢の生徒を相手にした場合はもっと難しいと思います。

早川　その難しいことに挑戦しようといろいろな取り組みが出てきています。そのなかで、一つカギになるのは、学校全体として取り組むかどうかということです。ひとりのカリスマ教師よりも、先生同士が協力しあって学校全体として取り組むことが必要なのではないでしょうか。それを示すデータがあります。

今回の学力調査で、クラス毎の平均点の分布をまとめたグラフがあります。1クラスの平均点ですから、子どもたちが任意にクラス分けされたということでみますと、全体の平均点のところにクラスの平均点が集中するはずです。多少のばらつきがあったとしても、平均点のあたりにグラフの山がまとまってくるのではないかと予想されるのですが、そうではないのです。平均点から遠ければ遠いほど、クラスの平均点がばらついているということを示しています。

―― クラスによって、レベルがものすごくひらいていますね。

早川　平均点がこれだけばらつきがあるということを示しています。地域的な特性ということを割り引いたとしましても、先生の指導によってクラス毎にばらつきが出ているのだということを示していると思います。そこで、学校全体としての取り組みが求められてきているのです。

―― ここでも教師がカギになってきそうです。

早川　そうです。わたしが言いたいのは先生の力量の違いということではなくて、むしろ本来やるべきことを学校全体として取り組むかどうかということです。文部科学省とは別に、25の都府県が独自に学力調査を行っていますが、そのうちの広島県の基礎学力テストでトップクラスの成績を収めた町があります。広島県の北西部にあって、島根県との県境に近い人口3千人の小さな町ですが、「芸北町」と言いまして、この町では2001年から学力向上に取り組んできました。そこで、どうして成績がよかったのかを確かめたくて、「芸北町」を訪ねてみました。

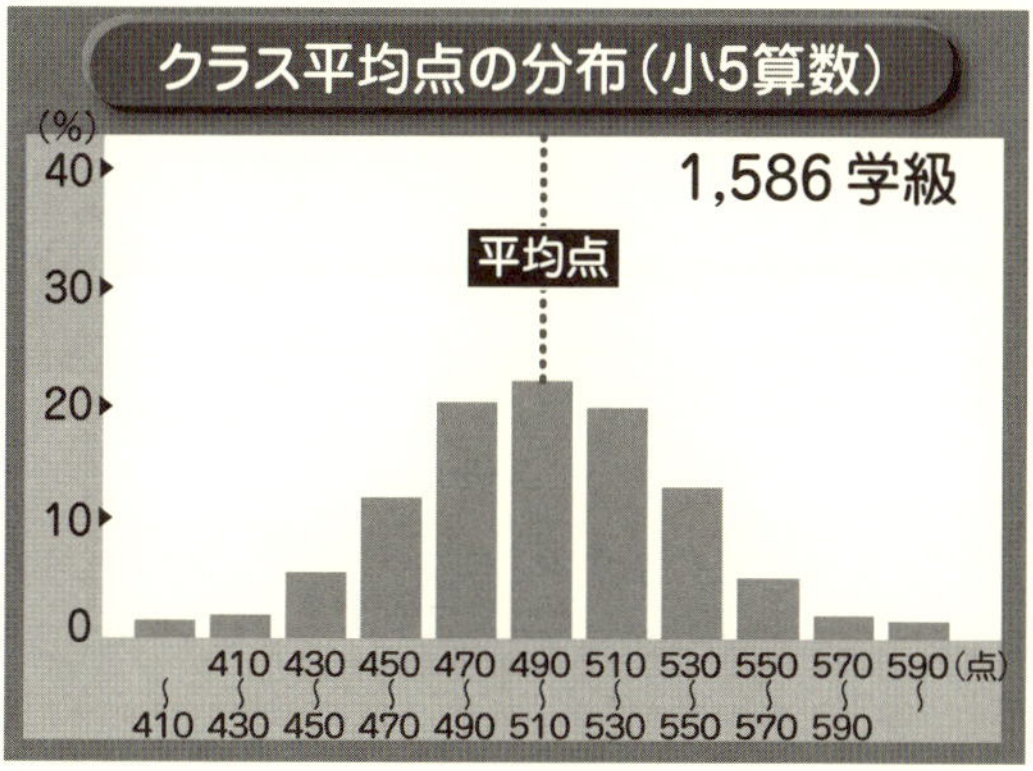

芸北町の取り組み

芸北町でただひとつの中学校、芸北中学校です。

芸北中学校英語の授業

数学の授業では、先生がひとりよがりにならないようにということで、2、3人でチームを組んで授業をしています。場面場面で、先生が入れ替わって説明をします。生徒がどれだけ理解したか、小テストをして確認したりすることも忘れていません。先生は徹底してわかるまでの教育を試みています。

英語の授業ではクラスを4つの班に分け、2人の先生と英語指導助手の外国人、それから生徒の1人が先生役になって、班毎に英語で問いを発して生徒が英語で答えるという授業を行っています。区切りのよいところで先生は次のグループに順繰りにまわっていきます。先生によって指導のばらつきが出ないための工夫ということです。

早川――ほんとうに一生懸命やっているのが伝わってきます。一生懸命、地道にやっているということが大事だという気がします。実はこの芸北中学校、かつて荒れた時期があって、せめて学校として最低限のことをやろうということで、学習の指導に力を入れるようになったのだそうです。学校が学習指導に力を入れたことによって落ち着きを取り戻していったということです。荒れている時期には、地域の人たちも半ば学校を見放していたそうですが、学校が学習に力を入れていることで、学校外の生活、子どもたちの生活面のことについては、地域に任せてくださいと、地域毎に、ホームタウンルールというのをつくったそうです。たとえば、大きな声で元気よくあいさつしましょう、靴を脱いだらきちんとそろえましょうといった、たぐいのことです。そうして子どもたちを見守っているのです。学習面のことは学校がきちんとやってください、生活面のことは地域がやりますという協力関係ができあがっています。

——協力関係をつくっていくために、親としてどう取り組んだらいいのでしょうか、マルシアさん。

マルシア 子どもの人生で人間としての基礎基本を教えるのは、やはり家の中だと思います。いただきます、ごちそうさまでした、人と話すときはちゃんと目を見るとか、子どもの心を育てるのはやはり親だと思います。

——鈴木さんはいかがですか。

鈴木 これまでなんでもかんでも学校に押し付けてきたところがあります。基本的な生活のマナーも全部学校にやってくれやってくれで、家では知らん顔というのが多かったと思います。そうなると学校の先生は大変です。本来勉強を教えなくてはいけないのに、ほかにやらなくてはいけないことがいっぱいある。これでは勉強を教えるということに大きく集中力を裂けない。それぞれ分担があるのです。勉強への意欲を引き出すのは家庭の力だと思います。

マルシア そうなんですね。

鈴木 親がきちんとした価値観を持たなかったら、子どもも勉強する意欲を持てなくなってしまうのです。

——しっかりした価値観を持っていきたいですね。

（2003年3月6日放送）

学力低下に先生は？

NHK解説委員　早川信夫

子どもたちの学力の低下が心配されていますが、さまざまな要因の一つに教師が先輩から後輩へと受け継いできた教育のスキルが集団として伝承されなくなってしまったことがあるのではないか。そんなことを年明けに相次いで開かれた教職員組合の教育研究全国集会（教研集会）を取材していて感じました。

今年（2003年）の教研集会は、例年になく学力の問題が取り上げられました。これまでですと学力低下がいわれても、求められる学力をどうとらえるかという入り口のところで議論が止まってしまい、いわば空中戦となる傾向にありました。今年は、日教組の集会で学力問題をテーマにした分科会が初めて設けられるなど学力をどうするのか具体的な取り組みをもとに議論されるようになったのが特徴です。たとえば、かつては子どもたちに読み書きの反復学習をしているといった発表がありますと「そんなに詰め込んでどうする」といった野次が飛んだものですが、今回はそうしたことはほとんどなく、意見を聞き合う感じでした。それだけに、実感として学力問題を放っておくことはできないと意識されるようになったのではないかと思います。象徴的には、学力の低い生徒たちの集まった高校では自由に進路が選べるといっても、学力の低さゆえに選択の幅は狭められているといったことが報告されました。そうならないために必要な「学力の保障」をどうしたらできるのかが大きなテーマとなりました。

日教組の集会で報告した長崎県の小学校の先生は、4年生の授業で小数や分数に進もうとすると覚えているはずのかけ算やわり算ができない子がこの10年目立つようになったと訴えました。土台がぐらついていては先に進むのが難しいと、この学校では3年前に4年から6年までの学年の枠を取りはずして復習に取り組む時間を設けました。名づけて「定着タイム」。難易度ごとに5問ずつに分けた200種類のプリントを用意しました。やってみると、子どもたちは自分がどこでつまずいているのかがわかるようになり、学習意欲も上がったということです。子どもたちから漢字もやってほしいと要望が出て、次の年から加えることにしました。取り組みの結果、町が行っている学力テストの成績が上向いてきたということです。「飛躍的に伸びたわけではありませんが、「わからない」という子どもの数が減った」ということです。発表した先生は「子どもたちのつまずきを修復することを通じてつまずく前にどうすればよいのか考えるようになりました」と話していました。

沖縄の小学校の先生は、習熟度別学習で単純にクラス分けをすることに疑問を感じて、子ども同士が教えあう授業を工夫しました。子どもたちの理解の程度に応じてクラスを分ける習熟度別の少人数指導をする学校は全国の小学校、中学校の3分の2にまで広がってきています。しかし、この先生は、クラス分けは成績で差をつけずに均等にした上で、クラスの中を1グループ4人の小さな集団に分けました。そして、先生が子どもたちの理解の程度に応じて教えるのではなく、プリント学習で先にできた子どもが遅れている子どもを教えるようにしました。「お助けマン」です。ところが、自分でできたつもりになっていた子もいざ教えようとすると単に計算の仕方を覚え込んでいただけでは人に説明することができません。そこで壁にぶつかります。問題の本当の意味を理解しなければいけないことがわかり、自分の学力を確かなものにできるというのです。教えられる側の子からしますと、どこがどうわからないのかわかっている子から教わるので先生に教わるよりわかるということです。ある子どもの感想です。「みんなで教え合いながら進めていくと、上手に計算したり勉強できるようになりました。算数は苦手でしたが、友だちに教えてもらい好きになりました。いちばんうれしかったのは自分が『お助けマン』になれたことです。もっと勉強してほかの人にも教えてあげたい」と書いています。難しいこともわかることで楽しくなる。わかったこと、それを人に教えてあげられるという喜びが次の学びの意欲につながっていくことを示しています。

プリント学習、教え合いの学習のいずれも、ベテランの先生にうかがうと、かつて学校で当たり前のように行われていたことです。報告した先生たちは「昔から行われていたことを自分たちのやりやすいようにちょっと工夫しただけのことだ」と言います。その意味では、かつて教師間で伝えられてきた技法が伝承されなくなってしまったことが問題なのではないでしょうか。子どもたちにとって必要なことは何かが顧みられず、伝承されるべきことが伝承されなくなったのはなぜなのか。学力低下問題を解くカギは案外こんなところにもあるように思います。

世界的な学力調査を担当したOECD・経済協力開発機構の専門家が日教組の集会に招かれ、こんなことを言っていました。「世界を見わたすと学習内容など学校の自由度の高い国が成功を収めている。日本もその一つだ」。会場からは、意外だというどよめきにも似た反応がありましたが、私には、まだそうした自由度を生かしきっていない日本の教育へのエールだと感じられました。そうした現場の工夫が求められているように思います。

改革は音もなくやってくる

NHK解説委員　早川信夫

　教育改革が音を立てて動いた感のある21世紀はじめのこの数年。そこに一息ついたときに音もなくやってくるのが、あとから振り返って「あの時」と思うような「実質的な」改革です。

　その出発点となるのか、あるいはならないのか、注目しておきたいのが2003年5月15日の動きです。この日、遠山文部科学大臣は、中央教育審議会（中教審）に義務教育のあり方について全般的な見直しの議論をするよう求めました。有事関連法案の審議の陰であまり目立たないまま、議論が始まりました。

　議論の柱は二点あります。一つは、学習内容の削減が批判された学習指導要領を見直し、学力低下が心配されている学校の指導力を上げること。もう一つは、硬直化していると批判の多い義務教育制度を見直して学校教育への信頼を取り戻すことです。どちらも、中教審で教育基本法の改正を論議しているこの1年半にいわば文部科学省に外圧として議論が投げかけられた課題です。受け身に回らされていた課題に専門家の知恵を借りて一転攻勢に転じようという狙いが見てとれます。

　学習指導要領をめぐっては文科省の説明がぐらついて現場に混乱を招きました。それまでは学習指導要領に書いてあることで現場をしばってきたのに、学力低下の批判が起きると、一転して書いてあること以上にやってもよいと変えたことが方針転換と受け止められました。これにどう整理をつけるのかが議論の焦点です。中教審の力を借りて、とどまるところを知らない学力低下論争に終止符を打ちたいという思惑が見えてきます。

　また、制度の見直しでは、幼・小、小・中の連携のあり方、公立学校経営への民間参入の是非など幅広い論議を求めています。小泉内閣が進める地方分権や規制緩和の議論で、文科省は蚊帳の外に追いやられた格好になっています。すでに、構造改革特区で株式会社やNPO法人の参入を認めると閣議決定され、政府内部の議論はどんどん進んでしまっています。これとどう整合性をとるのか重い課題を背負わされています。

　中教審での議論、どこまで踏み込むかにもよりますが、戦後に6・3制ができて以来の大転換となりうる可能性を秘めています。たとえば、小学校入学年齢が一律6歳のままでよいのかという議論では、前倒しして入学できるように舵を切ると卒業する年齢も早まり、遅く入学した子どもが途中で追いつけるようにできるのか、飛び級までやるのかといった風に議論が膨らんでいきます。議論によっては6・3制見直しまで行き着くだけに将来をしっかり見据えた議論を求めたいと思います。その一方で、世の中の改革の流れに対抗できるだけのスピード感も求められます。大山鳴動してねずみが1匹も出てこないということになったりしないかどうか、いずれにしても、現場の教育をよくしたいという“本気度“が問われることは間違いないと思います。音もなく、大きな改革が幕を明けようとしているのかもしれません。

番組構成・本書監修

刈屋富士雄
早川信夫
松本勇一
小川正道
小川　徹
釜坂治幸
坂口　真
福井　徹
荒木雅恵
大北晶子
松尾貴久江
村井晶子
土屋三千夫
北野裕子

これならわかる教育改革２

発行 ――――2003年8月2日　初版発行

編者 ――――NHK「教育フォーカス」制作班
発行人 ――――前田哲次
発行所 ――――KTC中央出版
〒460-0008　名古屋市中区栄1丁目22-16
TEL 052-203-0555
〒163-0230　東京都新宿区西新宿2丁目6-1-30
TEL 0120-160377（注文専用）
振替 ――――00850-6-33318
装丁・装画 ――――中野有希（山館デザイン）
編集・本文デザイン ――――田中淳子
印刷 ――――図書印刷株式会社

ISBN4-87758-308-4 C0037
Printed in Japan